대한민국 최고 JPT강사
서경원의 고득점 비법서!

일취월장 JPT

日就月將

청해

서경원 지음

동양북스

일취월장 청해 JPT

초판 5쇄 | 2022년 1월 10일

지은이 | 서경원
발행인 | 김태웅
책임 편집 | 길혜진, 이선민
디자인 | 남은혜, 신효선
마케팅 | 나재승
제　작 | 현대순

발행처 | (주)동양북스
등　록 | 제 2014-000055호
주　소 | 서울시 마포구 동교로22길 14 (04030)
구입문의 | 전화 (02)337-1737　팩스 (02)334-6624
내용문의 | 전화 (02)337-1762　dybooks2@gmail.com

ISBN 978-89-98914-53-0 13730

이 도서의 국립중앙도서관 출판시도서목록(CIP)은 서지정보유통지원시스템 홈페이지(http://seoji.go.kr)와
국가자료공동목록시스템(http://www.nl.go.kr/kolisnet)에서 이용하실 수 있습니다.
(CIP제어번호:CIP2013020777)

강의실이나 JPT 시험장에서 이런 질문들을 자주 받곤 합니다.

“회화는 자신이 있는데 청해 점수가 오르질 않습니다.”
“각 PART의 뒷부분에 나오는 표현은 도대체 무슨 말인지 알 수가 없어요.”

듣는 능력은 사람마다 차이가 있기 때문에 한마디로 딱 잘라 대답하기는 힘듭니다만, JPT 청해 점수가 올라가지 않는 근본적인 원인은 응시자들이 출제 유형을 제대로 파악하고 있지 않기 때문이라고 생각합니다.

모든 시험에는 기본적으로 출제 유형이 정해져 있습니다. 따라서 응시자는 그 틀에 맞춰서 공부를 해야만 시험에서 고득점이 가능하겠죠. 여러분 스스로 자신의 공부 방법을 생각해 보시기 바랍니다. 과연 여러분들은 JPT 청해 시험이 무엇을 요구하는지, 어떤 유형이 출제되는지 정확하게 알고 있습니까?

간혹 이렇게 생각하는 분들이 있습니다. 청해 시험은 많이 듣는 것이 중요하므로 평소에 일본 드라마나 뉴스 등을 꾸준히 들으면 점수는 저절로 올라갈 것이기 때문에 따로 공부할 필요가 없다고 말입니다. 그러나 이것은 잘못된 생각입니다.

물론 많이 듣는 것도 중요합니다. 하지만 목적 의식 없이 무작정 듣는다고 해서 귀가 뻥 뚫리는 것은 아닙니다. 시험의 성격과 맞지 않는 청해 연습은 점수 향상과는 거리가 멀다고 생각합니다.

이 책의 문제들은 다년간의 강의와 매 시험 응시를 통해 습득한 노하우로 출제 유형을 철저히 분석하여 만든 노력의 결정체라고 해도 과언이 아닙니다. 가르치는 입장에서라기보다는 시험에 응시하는 한 명의 응시자로서의 입장에서 집필을 시작했습니다. 그리고 모든 문제가 일본인과의 실제 대화에서 사용해도 될 만큼 완벽한 구어체 문장으로 구성되어 있습니다. 마지막으로 모든 문제는 처음부터 끝까지 일본인 선생님과의 철저한 반복 수정 과정을 거쳐 집필했기 때문에 문장의 흐름이 마치 실제 일본인과 이야기하는 것처럼 자연스럽다는 것도 이 책의 큰 장점이라 하겠습니다.

집필을 하는 동안 여러 가지로 힘든 점이 많았습니다만, 그동안의 노력이 이렇게 한 권의 책으로 나오는 것을 보니 무척 기쁩니다. 이 책이 여러분들의 일본어 공부에 조금이나마 도움이 되었으면 하는 바람입니다. 끝으로 이 책이 나오기까지 수고해 주신 동양북스 관계자분들에게 감사의 말씀을 드리며 이 글을 맺고자 합니다.

저자 서경원 올림

차례

CONTENTS

1 매 시험 응시자가 직접 쓴 책!!

시험 대비용 문제집은 그 시험의 경향을 꿰뚫고 있는 사람이 써야 분석도 정확하고 적중률도 높을 것입니다. 하지만 시중에는 시험 응시 경험이 없는 사람이 쓴 책들이 현재에도 출판되고 있습니다. 이 책은 JPT 시험에 빠짐없이 응시하는 응시자가 직접 응시자의 입장에서 쓴 책입니다. 따라서 완벽한 출제 유형 제시와 함께 최고의 적중률을 자랑한다고 자부합니다.

2 단계별 구성으로 출제 유형을 완벽하게 숙지할 수 있다!!

아무리 시험에 자주 출제되는 중요한 표현이라고 해도 한 번에 암기하기란 여간 힘든 일이 아닙니다. 그래서 이 책은 완벽한 출제 유형 숙지를 위해서 4단계에 걸쳐 단계적으로 자신의 실력을 완성시켜 갈 수 있도록 구성했습니다. 각 단계의 포인트는 다음과 같습니다.

SECTION 1 기초 다지기 : 자신의 현재 실력을 체크하는 단계

SECTION 2 어휘 따라잡기 : 빈출 어휘를 통해 실력을 높여가는 단계

SECTION 3 실력 완성하기 : 고난이도 문제로 실력을 쌓아가는 단계

실전문제 : 실제 시험과 동일한 문제 형식으로 PART에 대한 최종 점검 단계

3 실제 JPT 시험에서의 점수를 가늠할 수 있다!!

청해 PART의 모든 유형 파악이 끝나면 마지막 부분에 있는 실전모의고사로 자신의 실력을 점검할 수 있습니다. 실전모의고사는 실제 시험과 난이도가 거의 유사하며 최고의 적중률을 자랑하는 문제들입니다. 실제 시험과 동일하게 시간을 정해 놓고 시험 직전에 풀어 보시기 바랍니다. 틀림없이 실제 시험에 많은 도움이 될 것입니다.

진단평가

Ⅰ. 次の写真を見て、その内容に合っている表現を(A)から(D)の中で一つ選びなさい。

1.

2.

3.

フジカラー
Coca-Cola

4.

人と クルマと 街と。
Times
最大料金
駐車後24時間 2,400円
＜長時間駐車でもお得＞
30分／200円
8:00〜1:00
60分／100円
1:00〜8:00
0019736 タイムズ自由が丘第10
目黒区自由が丘3-7
詳細の際は、タイムズサービス(株) 0120-77-8924
アイドリン

→ 次のページに続く

5.

6.

7.

8.

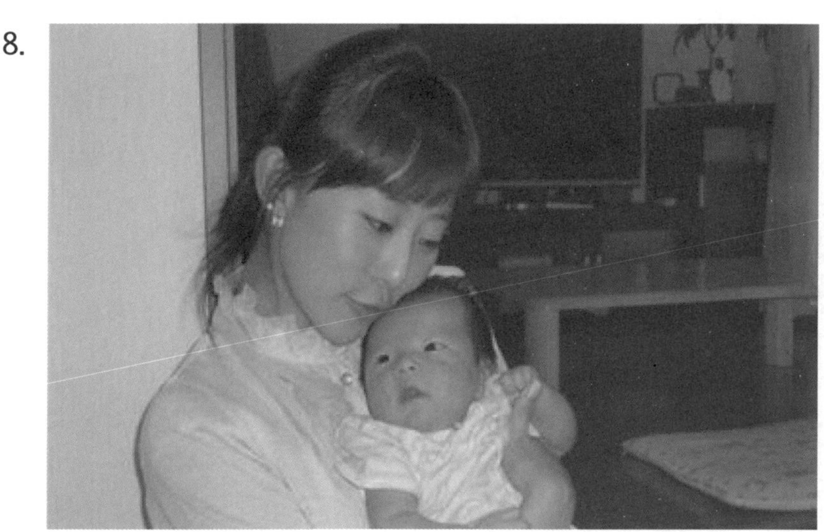

→ 次のページに続く

9.

10.

Ⅱ. 次の言葉の返事として、もっとも適したものを(A)から(D)の中で一つ選びなさい。

11. 答えを答案用紙に書き入れなさい。

12. 答えを答案用紙に書き入れなさい。

13. 答えを答案用紙に書き入れなさい。

14. 答えを答案用紙に書き入れなさい。

15. 答えを答案用紙に書き入れなさい。

16. 答えを答案用紙に書き入れなさい。

17. 答えを答案用紙に書き入れなさい。

18. 答えを答案用紙に書き入れなさい。

19. 答えを答案用紙に書き入れなさい。

20. 答えを答案用紙に書き入れなさい。

21. 答えを答案用紙に書き入れなさい。

22. 答えを答案用紙に書き入れなさい。

23. 答えを答案用紙に書き入れなさい。

24. 答えを答案用紙に書き入れなさい。

25. 答えを答案用紙に書き入れなさい。

Ⅲ. 次の会話をよく聞いて、後の問いにもっとも適したものを(A)から(D)の中で一つ
選びなさい。

26. 男の人は何番に電話をかけましたか。

    (A) 2805-8240

    (B) 2805-8241

    (C) 2705-8240

    (D) 2705-8241

27. 男の人はどうしましたか。

    (A) ズボンが破れてしまった。

    (B) シャツが破れてしまった。

    (C) ズボンにコーヒーをこぼしてしまった。

    (D) シャツにコーヒーをこぼしてしまった。

28. 二人の会話の内容と合っていないものはどれですか。

    (A) 今日は日曜日である。

    (B) 男の人は朝早く女の人に電話をした。

    (C) 女の人は今日の午後から東京に行くそうだ。

    (D) 女の人は東京から火曜日に戻ってくる予定だ。

29. 女の人はこれからどうしますか。

    (A) 山田さんに電話をする。

    (B) 鈴木さんに電話をする。

    (C) 山田さんを鈴木さんの部屋まで案内する。

    (D) 鈴木さんを山田さんの部屋まで案内する。

30. 女の人はこれからどうしますか。

    (A) 昼ご飯を作る。

    (B) お弁当を注文する。

    (C) 社員食堂を予約する。

    (D) 1階のレストランを予約する。

31. 二人はこれからどうしますか。

    (A) 高くても色のいいカードを注文する。

    (B) 字がはっきりしなくても安いカードを注文する。

    (C) 安くて字がはっきりしているカードを注文する。

    (D) 色が悪くても字がはっきりしているカードを注文する。

32. 男の人に対する女の人の考えとして正しいものはどれですか。

(A) 今のままでも申し分ない。

(B) 髭は剃らない方がいい。

(C) もとの髪スタイルの方が男の人には似合った。

(D) もっと格好よくなるためには眼鏡や服も変えた方がいい。

33. 二人の会話の内容と合っているものはどれですか。

(A) 今の段階では契約が取れる見込みはない。

(B) 相手側は二人の会社の商品が気に入らないようだ。

(C) 現状からみてもうちょっと頑張れば契約は取れそうだ。

(D) 男の人は価格を10パーセント以上譲ってもいいと思っている。

34. 二人の会話の内容と合っていないものはどれですか。

(A) 鉄道は普段通り運行している。

(B) 今回の台風は被害が大きかったそうだ。

(C) 男の人はとにかく待つしかないと思っている。

(D) 台風の影響で飛行機の離陸が遅延している。

35. 二人の考えとして正しいものはどれですか。

(A) 子供の時はしっかり勉強すべきだ。

(B) 子供の時はあまり遊ばなくてもいい。

(C) 子供の時は都会で住んだ方がいい。

(D) 子供の時は自然に触れることが大切だ。

36. 二人の会話の内容と合っているものはどれですか。

(A) 会員はいつでも4割引いてくれる。

(B) 今日に限り、服の価格から3割引いてくれる。

(C) 全ての服は服に付いている価格から3割引いてくれる。

(D) 今日に限り、会員は服に付いている価格から1割引いてくれる。

37. 女の人の考えとして正しいものはどれですか。

(A) 仕事一筋で生きるのはやり甲斐がある。

(B) 早くこの仕事を辞めて他の仕事がやりたい。

(C) 休暇中でも仕事を疎かにしてはいけない。

(D) たまには仕事から離れて解放感を味わいたい。

38. 二人が話している人はどんな人ですか。

(A) 災害対策員

(B) 警察署の人

(C) 消防署の人

(D) 消火器を販売する人

39. 二人の会話の内容と合っていないものはどれですか。

(A) 二人の息子は中学生のようだ。

(B) 男の人はこの間息子と話し合って決まりを作った。

(C) 二人の息子は両親との約束をきちんと守っていない。

(D) 女の人は息子に注意するのが難しいと思っている。

40. 二人の会話の内容と合っていないものはどれですか。

(A) 男の人は両親の家に引っ越ししようと思っている。

(B) 男の人の両親はまだ健康には問題がないようだ。

(C) 男の人の両親は今更新しい人間関係を作るのは煩わしいと思っている。

(D) 男の人の両親は今住んでいるところでずっと住みたがっている。

Ⅳ. 次の文章をよく聞いて、後の問いにもっとも適したものを(A)から(D)の中で一つ
　　選びなさい。

41. この人のお祖父さんはおいくつです
か。

(A) 54歳

(B) 64歳

(C) 74歳

(D) 84歳

42. この人のお祖父さんは今誰と一緒に住
んでいますか。

(A) 一人で住んでいる。

(B) この人と住んでいる。

(C) この人の母と住んでいる。

(D) この人の父と住んでいる。

43. この人の部屋にはどんな絵がかけてあ
りますか。

(A) 山の絵

(B) 花の絵

(C) 海の絵

(D) 草原の絵

44. この人のお祖父さんの仕事は何ですか。

(A) 今働いていない。

(B) レストランで働いている。

(C) 警備員の仕事をしている。

(D) 図書館で働いている。

45. 今は何時頃ですか。

(A) 午前10時

(B) 午後1時

(C) 午後3時

(D) 午後5時

46. 説明している料理を鍋に入れる順番と
して正しいものはどれですか。

(A) 肉と野菜 → 水・砂糖・しょうゆ →
卵

(B) 水・砂糖・しょうゆ → 肉と野菜 →
卵

(C) 卵 → 肉と野菜 → 水・砂糖・
しょうゆ

(D) 卵 → 水・砂糖・しょうゆ → 肉と野
菜

47. 説明している料理の食べ方として正し
いものはどれですか。

(A) 出来上がったら、すぐご飯と卵を
混ぜて食べる。

(B) 出来上がったら、すぐご飯の上に
卵を乗せて食べる。

(C) 出来上がったら、3分ぐらい待っ
てご飯と卵を混ぜて食べる。

(D) 出来上がったら、3分ぐらい待っ
てご飯の上に卵を乗せて食べる。

48. 苦情の電話はどんな内容でしたか。

(A) 商品の配送が遅すぎる。

(B) 注文した物と違う製品が届けられた。

(C) いくら探してみても取り扱い説明
書がない。

(D) 買ったばかりの製品なのに、壊れて
いて全く動かない。

49. この人がつい乱暴な言葉を使ってしまっ
た理由は何ですか。

(A) お客さんが話を聞かず怒ってばか
りいたから

(B) 製品に問題があるのを自分でもわ
かっているから

(C) お客さんが問題ないのに、しつこ
く払い戻しを要求したから

(D) 何度も正しい使い方を説明しても、
なかなか理解してもらえなかった
から

50. お客さんが怒り出してしまった後、ど
うなりましたか。

(A) この人がお客さんにひたすら謝った。

(B) この人がそのまま電話を切ってし
まった。

(C) 隣に座っていた先輩もお客に怒り
出してしまった。

(D) 隣に座っていた先輩がこの人の代
りに応対してくれた。

MEMO

진단평가 학습 방법

청해의 파트별 출제 유형에 대한 정리가 필요하네요.

현재 당신의 실력은 JPT 입문자라고 볼 수 있습니다. 걱정되신다구요? 걱정하지 않으셔도 됩니다. 이 교재에 나와 있는 유형을 완벽하게 정리하시고 실제 시험에 임하시면 여러분들도 충분히 고득점이 가능합니다.

일단 JPT 입문자는 유형 파악이 급선무입니다. 청해 파트별로 문제가 어떻게 출제되고 무엇을 묻는지를 알고 있어야 합니다. 이러한 유형 파악 없이는 공부를 해도 점수가 잘 오르지 않습니다. 따라서, 다시 시작하는 마음으로 출제 유형부터 확실하게 파악을 하시고 관련 어휘를 정리해 두시기 바랍니다. 이제부터가 시작입니다. 유형을 반복해서 연습하시고 또 연습하시기 바랍니다.

아직까지 다른 사람에게는 보여주기는 부끄러운 성적표!

이 정도 수준이라면 성적이 조금씩 오르는 것 같다가 한동안 정체기인 중급 정도의 수험자라고 할 수 있겠군요. 대략적인 유형은 파악했지만 아직까지 파트에 대한 확신이 없는 단계라고 볼 수 있습니다. 입문자들에게 필요한 것이 유형 파악이라면 중급 정도의 수험자들에게 필요한 것은 반복 연습입니다. 즉, 많은 문제를 통해 각 파트에 대한 감각을 지속적으로 유지하셔야 합니다. 그리고 필요한 것이 어휘력 증강입니다. 아직까지 모든 문장이 들리는 게 아니라 아는 단어만 부분적으로 들리는 단계이므로 많은 어휘 학습이 필요합니다. 그렇다고 단어장을 구입할 필요까지는 없습니다. 이 교재는 Unit별로 어휘가 모두 정리되어 있으므로, 어휘 정리 부분에 중점적으로 시간을 투자해 보세요. 곧 여러분들의 성적표가 달라질 겁니다.

LEVEL 3 (정답수 36 ~ 45개)

나름대로 잘하는 편이지만 조금 부족한 성적표!!

어느 정도의 성적이 나오지만 아직까지 고득점이라고 말하기엔 조금 부족한 분들을 위한 학습 방법을 소개하겠습니다. 이 수준의 수험자들은 단기간에 달성 가능한 나름대로의 목표점을 정하고 그 점수에 맞는 방식으로 공부하시길 권유합니다. 현재 점수보다 너무 높은 목표를 잡으면 쉽게 좌절하게 되므로 조금은 천천히 가져도 될 것 같습니다. 기본적인 출제 유형은 이미 숙지가 된 상태이니까 틀린 문제를 집중적으로 분석하고 정리해 두시기 바랍니다. 그리고 이 점수대 수험자들에게 가장 중요한 것이 끈기입니다. 나름대로 열심히 공부를 했지만 점수는 조금씩밖에 오르지 않는 경우를 종종 보게 되는데 포기하면 더 이상의 고득점은 없습니다. 힘들더라도 조금 더 힘을 내어 지금까지 공부한 내용을 정리하면서 꾸준히 문제를 풀어 보시기 바랍니다.

LEVEL 4 (정답수 46 ~ 50개)

고수지만 조금만 분발해서 JPT와 작별 인사를……

득점수로 보아 실제 시험에서 900점 이상의 고득점을 목표로 하는 수험자들이 여기에 속한다고 볼 수 있습니다. 이 점수대의 수험자들은 출제 유형도 대부분 알고 있고 실제 시험에서도 잘 들리지만 단 5점이나 10점 올리기가 아주 힘든 단계라고 볼 수 있습니다. 일단 집중력이 관건입니다. 다른 점수대의 수험자들도 마찬가지겠지만 집중력 저하는 점수와 바로 직결되는 문제이므로 시험에서는 항상 집중력을 유지하셔야 합니다. 그리고 이 점수대 수험자들은 예전에 틀렸던 문제를 다시 틀린 가능성이 높다고 볼 수 있습니다. 따라서 오답 노트를 만들어 자신이 틀린 문제를 최종적으로 정리하고 실제 시험에서 그 유형과 유사하게 출제가 되더라도 이제는 실수를 하지 않아야 합니다. 집중력을 유지하고 오답 노트로 틀린 문제들을 잘 정리해 두시면 950점 이상도 더 이상은 꿈의 점수가 아닐 것입니다.

Part 1

사진 묘사

part 1
사진 묘사

인물의 동작이나 자세 (1인)

　PART 1 사진 묘사에서 가장 출제 빈도가 높은 부분이 인물의 동작이나 자세 관련 문제이다. 전체 20문제 중 60퍼센트 이상이 이 유형에서 출제되므로 유형을 잘 분석해 두어야 한다.

　1인의 동작이나 자세는 「この人は~(이 사람은~)」, 「男の人は(남자는~)」, 「女の人は~(여자는~)」처럼 주어가 동일하게 제시되는 경우가 대부분이므로 앞부분보다는 뒷부분의 동사를 주의 깊게 들어야 한다. 그런데 자주 출제되는 동사를 보면 「しゃがむ(쭈그리고 앉다)」, 「屈める(구부리다)」, 「仰ぐ(올려다보다)」처럼 상당히 까다로운 동사가 많으므로 이 부분에 대한 공부가 필요하다. 그리고 사람이 나오는 사진이라고 해서 반드시 그 사람의 동작이나 자세에 대해서만 묻는 것이 아니므로 이런 유형의 문제는 주의를 요한다. 사람이 작고 뒤의 사물이나 배경이 큰 사진이라면 사람이 아닌 사물이나 배경을 묻는 경우도 있다는 것을 기억해 두자.

출제 유형	주의해야 될 요건	관련 어휘 & 표현
인물의 동작이나 자세 (1인)	· 뒷부분의 동사를 중심으로 들을 것 · 사물이나 배경이 크게 나온 경우에는 사물이나 배경도 유심히 볼 것	· しゃがむ 쭈그리고 앉다 · 屈める 구부리다 · 仰ぐ 올려다보다

※ 메모하면서 들어 보세요. Track 2-01

(A) ____________________
(B) ____________________
(C) ____________________
(D) ____________________

(A) ____________________
(B) ____________________
(C) ____________________
(D) ____________________

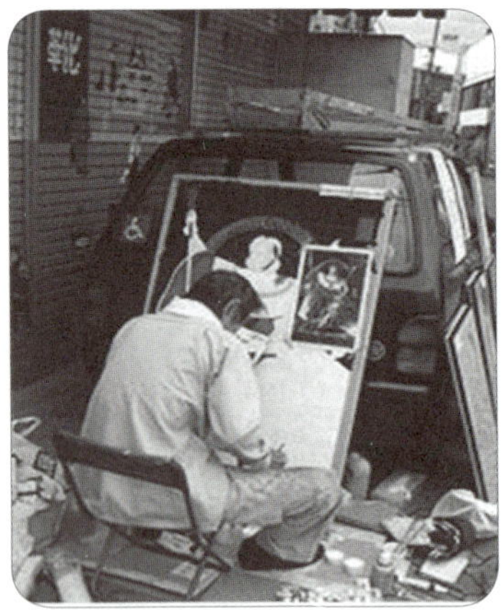

(A) ____________________
(B) ____________________
(C) ____________________
(D) ____________________

(A) ____________________
(B) ____________________
(C) ____________________
(D) ____________________

05

(A) _______________________________
(B) _______________________________
(C) _______________________________
(D) _______________________________

06

(A) _______________________________
(B) _______________________________
(C) _______________________________
(D) _______________________________

07

(A) _______________________________
(B) _______________________________
(C) _______________________________
(D) _______________________________

08

(A) _______________________________
(B) _______________________________
(C) _______________________________
(D) _______________________________

- **並ぶ** 늘어서다

  예 入り口の前でみんな一列に並んでいます。　　　입구 앞에 모두 일렬로 늘어서 있습니다.

- **跨がる** 걸터앉다

  예 男の子が垣根に跨がっています。　　　남자아이가 울타리에 걸터타고 있습니다.

- **うつむく** 고개를 숙이다

  예 この人はうつむいて何かを読んでいます。　　　이 사람은 고개를 숙이고 뭔가를 읽고 있습니다.

- **仰ぐ** 올려다보다

  예 眼鏡をかけた女性が山頂を仰いでいます。　　　안경을 쓴 여성이 산 정상을 올려다보고 있습니다.

- **屈める** 구부리다

  예 男の人が腰を屈めて何かを書いています。　　　남자가 허리를 구부리고 뭔가를 쓰고 있습니다.

- **しゃがむ** 쭈그리고 앉다

  예 男の人がしゃがんで作業をしています。　　　남자가 쭈그리고 앉아 작업을 하고 있습니다.

- **寝転ぶ** 드러눕다

  예 子供が野原に寝転んでいます。　　　아이가 들판에 드러누워 있습니다.

- **腰掛ける** 걸터앉다

  예 女性はベンチに腰掛けて休んでいます。　　　여성은 벤치에 걸터앉아 쉬고 있습니다.

- **寄り掛かる** 기대다

  예 この人は壁に寄り掛かってうたた寝をしています。　　　이 사람은 벽에 기대어 선잠을 자고 있습니다.

- **ひざまずく** 무릎을 꿇다

  예 この人はひざまずいてお祈りをしています。　　　이 사람은 무릎을 꿇고 기도를 하고 있습니다.

- ぶら下（さ）げる　손에 들다

  예 女（おんな）の人（ひと）が紙袋（かみぶくろ）をぶら下（さ）げています。　　여자가 종이 가방을 손에 들고 있습니다.

- 背負（せお）う　매다

  예 男性（だんせい）はリュックサックを背負（せお）っています。　　남성은 등산용 배낭을 매고 있습니다.

- 立（た）ち読（よ）みをする　서서 책을 읽다

  예 本屋（ほんや）で男（おとこ）の人（ひと）が立（た）ち読（よ）みをしています。　　서점에서 남자가 서서 책을 읽고 있습니다.

- 居眠（いねむ）りをする　꾸벅꾸벅 졸다

  예 男（おとこ）の人（ひと）は電車（でんしゃ）の中（なか）で居眠（いねむ）りをしています。　　남자는 전철 안에서 꾸벅꾸벅 졸고 있습니다.

- 掃（は）く　쓸다

  예 老人（ろうじん）が家（いえ）の前（まえ）を掃（は）いています。　　노인이 집앞을 쓸고 있습니다.

- 拭（ふ）く　닦다

  예 男性（だんせい）が窓（まど）ガラスを拭（ふ）いています。　　남성이 유리창을 닦고 있습니다.

- 眺（なが）める　바라보다

  예 女性（じょせい）が窓越（まどご）しの風景（ふうけい）を眺（なが）めています。　　여성이 창문 너머의 풍경을 바라보고 있습니다.

- 撫（な）でる　쓰다듬다

  예 子供（こども）が猫（ねこ）を撫（な）でています。　　아이가 고양이를 쓰다듬고 있습니다.

- つかむ　붙잡다

  예 男（おとこ）の人（ひと）がバスの吊革（つりかわ）をつかんでいます。　　남자가 버스 손잡이를 잡고 있습니다.

- うずくまる　웅크리다

  예 子供（こども）が運動場（うんどうじょう）でうずくまって何（なに）かを見（み）ています。　　아이가 운동장에서 웅크리고 뭔가를 보고 있습니다.

- **見上げる**　올려다보다

  예　女性は空を見上げています。　　여성은 하늘을 올려다보고 있습니다.

- **覗き込む**　들여다보다

  예　子供が顕微鏡を覗き込んでいます。　　아이가 현미경을 들여다보고 있습니다.

- **歯を磨く**　이를 닦다

  예　子供が洗面台で歯を磨いています。　　아이가 세면대에서 이를 닦고 있습니다.

- **たばこを吸う**　담배를 피우다

  예　男の人が道端でたばこを吸っています。　　남자가 길가에서 담배를 피우고 있습니다.

- **ひげを剃る**　면도를 하다

  예　男の人が鏡の前でひげを剃っています。　　남자가 거울 앞에서 면도를 하고 있습니다.

- **あぐらをかく**　책상다리를 하다

  예　あぐらをかいている男性が見えます。　　책상다리를 하고 있는 남성이 보입니다.

- **笑みを浮かべる**　미소를 띠우다

  예　子供が満面の笑みを浮かべています。　　아이가 얼굴 가득히 미소를 띠우고 있습니다.

- **杖を突く**　지팡이를 짚다

  예　杖を突いて歩いている人が見えます。　　지팡이를 짚고 걷고 있는 사람이 보입니다.

- **髪を結う**　머리를 땋다

  예　女の子が髪を結っています。　　여자아이가 머리를 땋고 있습니다.

- **手を振る**　손을 흔들다

  예　手を振っている子供が見えます。　　손을 흔들고 있는 아이가 보입니다.

※ 메모하면서 들어 보세요. ✎　　　　　　　　　Track 2-02 🎧

01

(A) ___________________________
(B) ___________________________
(C) ___________________________
(D) ___________________________

02

(A) ___________________________
(B) ___________________________
(C) ___________________________
(D) ___________________________

03

(A) ___________________________
(B) ___________________________
(C) ___________________________
(D) ___________________________

04

(A) ___________________________
(B) ___________________________
(C) ___________________________
(D) ___________________________

05

(A) ______________________________
(B) ______________________________
(C) ______________________________
(D) ______________________________

06

(A) ______________________________
(B) ______________________________
(C) ______________________________
(D) ______________________________

07

(A) ______________________________
(B) ______________________________
(C) ______________________________
(D) ______________________________

08

(A) ______________________________
(B) ______________________________
(C) ______________________________
(D) ______________________________

인물의 동작이나 자세 (2인 이상)

　PART 1 사진 묘사에서 두 사람 이상이 나오는 사진은 두 사람이 등장하는 사진과 그 이상이 등장하는 사진으로 구분할 수 있다.

　두 사람이 등장하는 사진은 우선 두 사람의 공통점과 차이점에 주목할 필요가 있다. 그리고 한 개인의 특징에 대해서만 묻는 경우도 있으므로 개개인의 복장이나 자세 등을 유심히 봐 두어야 한다. 실제 시험에는 「〜とも(〜모두)」, 「それぞれ(각각)」, 「向き合う(마주 보다)」, 「〜も〜ば〜も(〜도 〜이고 〜도)」 등의 표현이 자주 출제되므로 기억해 두도록 하자.

　2인 이상의 다수의 인물이 나오는 사진은 대부분이 전체적인 상황을 묻는 문제로 출제되므로, 일단은 사진의 전체적인 장면에 대한 이해가 필요하다. 하지만 다수의 인물이라고 할지라도 사진에서 중심이 되는 인물이 있다면 그 사람의 동작이나 자세를 주목해서 봐야 한다. 의외로 다수의 인물이 나오는 전체적인 상황만 보는 경향이 있으므로, 이런 문제는 주의하도록 하자.

출제 유형	주의해야 될 요건	관련 어휘 & 표현
인물의 동작이나 자세 (2인 이상)	・두 사람의 공통점이나 차이점에 주목할 것 ・1인에 대한 묘사로 출제되는 경우도 있으므로, 개개인에 대한 묘사도 봐 둘 것 ・사진의 공통적인 동작이나 상태에 주목할 것 ・중심이 되는 인물의 동작은 더더욱 유심히 볼 것	・〜とも 〜모두 ・向き合う 마주보다 ・〜(よ)うとする 〜하려고 하다 ・それぞれ 각각 ・お揃いの格好 같은 모습 ・〜も〜ば〜も 〜도 〜이고 〜도

※ 메모하면서 들어 보세요.   Track 2-03

01

(A) _______________________________

(B) _______________________________

(C) _______________________________

(D) _______________________________

02

(A) _______________________________

(B) _______________________________

(C) _______________________________

(D) _______________________________

03

(A) _______________________________

(B) _______________________________

(C) _______________________________

(D) _______________________________

04

(A) _______________________________

(B) _______________________________

(C) _______________________________

(D) _______________________________

05

(A) ________________________________

(B) ________________________________

(C) ________________________________

(D) ________________________________

06

(A) ________________________________

(B) ________________________________

(C) ________________________________

(D) ________________________________

07

(A) ________________________________

(B) ________________________________

(C) ________________________________

(D) ________________________________

08

(A) ________________________________

(B) ________________________________

(C) ________________________________

(D) ________________________________

・輪になる　원이 되다

예　みんな輪になってわいわい騒いでいます。　　모두 원이 되어 와글와글 떠들고 있습니다.

・肩車に乗せる　목말을 태우다

예　男の人が子供を肩車に乗せて歩いています。　　남자가 아이를 목말 태우고 걷고 있습니다.

・抱く　안다

예　男の人が赤ちゃんを抱いています。　　남자가 아기를 안고 있습니다.

・おぶう　업다

예　女の人が赤ちゃんをおぶっています。　　여자가 아기를 업고 있습니다.

・ボートを漕ぐ　보트를 젓다

예　二人はボートを漕いでいます。　　두 사람은 보트를 젓고 있습니다.

・振り向く　뒤돌아보다

예　右の人はこちらを振り向いています。　　오른쪽 사람은 이쪽을 뒤돌아보고 있습니다.

・反らす　뒤로 젖히다

예　二人とも体を反らしています。　　두 사람 모두 몸을 젖히고 있습니다.

・肘をつく　팔꿈치를 짚다

예　女性は机に肘をついています。　　여성은 책상에 팔꿈치를 짚고 있습니다.

・水を撒く　물을 뿌리다

예　庭で水を撒いている人が見えます。　　정원에서 물을 뿌리고 있는 사람이 보입니다.

・行き交う　오가다・왕래하다

예　商店街は行き交う人で賑わっています。　　상점가는 오가는 사람들로 떠들썩합니다.

- **傘をさす**　우산을 쓰다

  예 傘をさして歩いている人が何人か見えます。　우산을 쓰고 걷고 있는 사람이 몇 사람인가 보입니다.

- **よじ登る**　기어오르다

  예 子供たちが丘をよじ登っています。　아이들이 언덕을 기어오르고 있습니다.

- **作業をする**　작업을 하다

  예 道路で作業をしている人が何人か見えます。　도로에서 작업을 하고 있는 사람이 몇 사람인가 보입니다.

- **順番を待つ**　순번을 기다리다

  예 建物の前は順番を待つ人でいっぱいです。　건물 앞은 순번을 기다리는 사람들로 가득합니다.

- **手袋をはめる**　장갑을 끼다

  예 左の人は手袋をはめています。　왼쪽 사람은 장갑을 끼고 있습니다.

- **たき火をする**　모닥불을 피우다

  예 みんなたき火をしています。　모두 모닥불을 피우고 있습니다.

- **拍手をする**　박수를 치다

  예 立ち上がって拍手をしている人が大勢います。　일어나서 박수를 치고 있는 사람이 많이 있습니다.

- **写真を撮る**　사진을 찍다

  예 大きな門の前で写真を撮っている人が見えます。　큰 문 앞에서 사진을 찍고 있는 사람이 보입니다.

- **ポーズを取る**　포즈를 취하다

  예 二人ともカメラに向けてポーズを取っています。　두 사람 모두 카메라를 향해서 포즈를 취하고 있습니다.

- **手を引く**　손을 끌다

  예 女の人が子供の手を引いて歩いています。　여자가 아이 손을 끌고 걷고 있습니다.

- **腕を組む**　팔짱을 끼다

  例 右の人は腕を組んでいます。　　오른쪽 사람은 팔짱을 끼고 있습니다.

- **植木を刈る**　정원수를 다듬다

  例 男の人が梯子に上って植木を刈っています。　　남자가 사다리에 올라 정원수를 다듬고 있습니다.

- **足を組む**　다리를 꼬다

  例 二人とも足を組んでいます。　　두 사람 모두 다리를 꼬고 있습니다.

- **手を合わせる**　합장을 하다

  例 お墓の前で手を合わせている人がいます。　　무덤 앞에서 합장을 하고 있는 사람이 있습니다.

- **立ち食いをする**　서서 먹다

  例 みんな立ち食いをしています。　　모두 서서 먹고 있습니다.

- **小脇に抱える**　겨드랑이에 끼다

  例 本を小脇に抱えて歩いている女性が見えます。　　책을 겨드랑이에 끼고 걷고 있는 여성이 보입니다.

- **ネクタイをしめる**　넥타이를 매다

  例 二人ともネクタイをしめています。　　두 사람 모두 넥타이를 매고 있습니다.

- **スーツを着る**　정장을 입다

  例 スーツを着ている人は一人もいません。　　정장을 입고 있는 사람은 한 사람도 없습니다.

- **手を当てる**　손을 대다

  例 右の女性は腰に手を当てています。　　오른쪽 여성은 허리에 손을 대고 있습니다.

- **微笑む**　미소짓다

  例 三人ともこちらに向けて微笑んでいます。　　세 사람 모두 이쪽을 향해 미소짓고 있습니다.

※ 메모하면서 들어 보세요. Track 2-04

01

(A) ________________________
(B) ________________________
(C) ________________________
(D) ________________________

02

(A) ________________________
(B) ________________________
(C) ________________________
(D) ________________________

03

(A) ________________________
(B) ________________________
(C) ________________________
(D) ________________________

04

(A) ________________________
(B) ________________________
(C) ________________________
(D) ________________________

05 

(A) _______________________________

(B) _______________________________

(C) _______________________________

(D) _______________________________

06 

(A) _______________________________

(B) _______________________________

(C) _______________________________

(D) _______________________________

07 

(A) _______________________________

(B) _______________________________

(C) _______________________________

(D) _______________________________

08 

(A) _______________________________

(B) _______________________________

(C) _______________________________

(D) _______________________________

사물

 사물이 등장하는 사진은 평균 세 문제 정도가 출제되는데 모양이나 형태, 위치 관계, 용도를 묻는 문제가 대부분이다. 실제 시험에서는 「～の上に～があります(～위에 ～가 있습니다)」나 「～の横に～があります(～옆에 ～가 있습니다)」처럼 위치 관계를 묻는 문제가 많이 출제된다.

 사물의 모양이나 형태를 묻는 문제는 사진에서 두드러지게 보이는 사물의 모양이나 형태를 정확하게 파악해야 실수가 없다. 자주 출제되는 표현으로는 「丸い(둥글다)」, 「円形(원형)」, 「三角(삼각)」, 「四角い(네모지다)」, 「円錐形(원뿔 모양)」, 「菱形(마름모 모양)」, 「正方形(정사각형)」, 「長方形(직사각형)」 등이 있다. 방향이나 위치 관계를 묻는 문제도 역시 어휘가 포인트로, 「上(위)」, 「下(아래)」, 「隣(옆)」, 「後ろ(뒤)」 정도는 기본적으로 알고 있어야 하고, 조금 어려운 표현인 「前方(전방)」, 「後方(후방)」, 「正面(정면)」, 「斜め(비스듬함)」 등의 표현도 함께 숙지해 두어야 한다.

 사물의 용도를 묻는 문제는 보통 1번에서 5번 문제 사이에 출제되는데 사진에 나오는 사물로 무엇을 할 수 있는지, 혹은 무엇을 할 수 있는 곳인지 장소를 묻는 문제가 이에 해당한다. 이런 유형의 문제에 익숙해지기 위해서는 일상생활에서 볼 수 있는 사물들을 일본어로 설명하는 연습을 충분히 해 두어야 한다. 참고로 실제 시험에서는 우체국, 쓰레기통, 서점, 매표소, 은행, 복권 판매점, 중고물품 판매점 등의 사진이 자주 출제되었다.

출제 유형	주의해야 될 요건	관련 어휘 & 표현
사물	· 사물의 모양이나 형태를 묻는 문제는 사진에서 두드러지게 보이는 사물의 모양이나 형태에 주목할 것 · 사물의 방향이나 위치 관계를 묻는 문제는 기본적인 어휘 및 자주 출제되는 표현을 정리해 둘 것 · 사물의 용도를 묻는 문제는 일상생활에서 볼 수 있는 사물들을 일본어로 설명하는 연습을 해 둘 것	· 噴水 분수 · 人力車 인력거 · 所狭しと 비좁게 · ごみ箱 쓰레기통 · 積み重なる 겹쳐 쌓이다 · 自動販売機 자동판매기

※ 메모하면서 들어 보세요.   Track 2-05

01

(A) _________________________

(B) _________________________

(C) _________________________

(D) _________________________

02

(A) _________________________

(B) _________________________

(C) _________________________

(D) _________________________

03

(A) _________________________

(B) _________________________

(C) _________________________

(D) _________________________

04

(A) _________________________

(B) _________________________

(C) _________________________

(D) _________________________

05 

(A) ____________________
(B) ____________________
(C) ____________________
(D) ____________________

06 

(A) ____________________
(B) ____________________
(C) ____________________
(D) ____________________

07 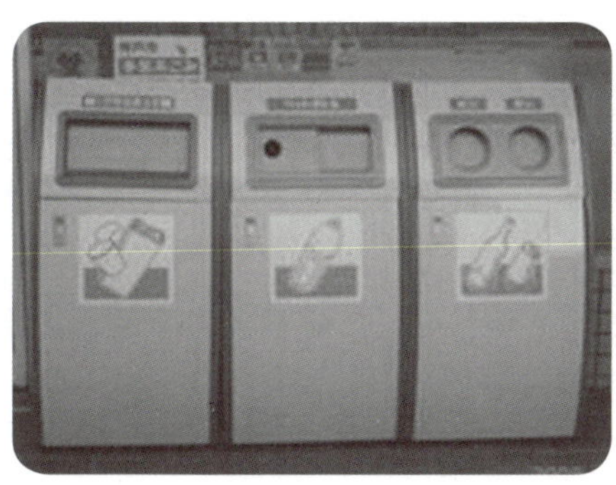

(A) ____________________
(B) ____________________
(C) ____________________
(D) ____________________

08 

(A) ____________________
(B) ____________________
(C) ____________________
(D) ____________________

- 窓 창문

예 窓は全部開いています。　창문은 전부 열려 있습니다.

- 食器 식기

예 食卓の上に食器が置いてあります。　식탁 위에 식기가 놓여 있습니다.

- 花が咲く 꽃이 피다

예 ほとんどの花が咲いています。　대부분의 꽃이 피어 있습니다.

- 設ける 설치하다

예 建物の前に祭壇が設けられています。　건물 앞에 제단이 설치되어 있습니다.

- 自動販売機 자동판매기

예 飲み物の自動販売機が並んでいます。　음료 자동판매기가 늘어서 있습니다.

- 積む 쌓다

예 段ボールが山のように積まれています。　골판지상자가 산더미처럼 쌓여 있습니다.

- 散らかる 널브러지다

예 おもちゃが部屋の中に散らかっています。　장난감이 방 안에 널브러져 있습니다.

- 展示 전시

예 店内には様々な置物が展示されています。　가게 안에는 여러 가지 장식품이 전시되어 있습니다.

- 盛り付ける 먹음직스럽게 담다

예 食器に料理が盛り付けてあります。　식기에 요리가 먹음직스럽게 담겨 있습니다.

- 所狭しと 비좁게

예 陳列棚の中に人形が所狭しと陳列されています。　진열장 안에 인형이 비좁게 진열되어 있습니다.

- **水道** <ruby>水<rt>すい</rt>道<rt>どう</rt></ruby> 수도

　예 <ruby>水<rt>すい</rt>道<rt>どう</rt></ruby>から<ruby>水<rt>みず</rt></ruby>が<ruby>少<rt>すこ</rt></ruby>し<ruby>出<rt>で</rt></ruby>ています。　수도에서 물이 조금 나오고 있습니다.

- **お金を引き出す** <ruby>お金<rt>かね</rt></ruby>を<ruby>引<rt>ひ</rt></ruby>き<ruby>出<rt>だ</rt></ruby>す 돈을 인출하다

　예 この<ruby>機械<rt>きかい</rt></ruby>でお<ruby>金<rt>かね</rt></ruby>を<ruby>引<rt>ひ</rt></ruby>き<ruby>出<rt>だ</rt></ruby>すことができます。　이 기계로 돈을 인출할 수 있습니다.

- **人力車** <ruby>人<rt>じん</rt>力<rt>りき</rt>車<rt>しゃ</rt></ruby> 인력거

　예 <ruby>道端<rt>みちばた</rt></ruby>に<ruby>人<rt>じん</rt>力<rt>りき</rt>車<rt>しゃ</rt></ruby>が2<ruby>台<rt>だい</rt></ruby><ruby>見<rt>み</rt></ruby>えます。　길가에 인력거가 두 대 보입니다.

- **美容院** <ruby>美<rt>び</rt>容<rt>よう</rt>院<rt>いん</rt></ruby> 미용실

　예 <ruby>女性<rt>じょせい</rt></ruby>が<ruby>美<rt>び</rt>容<rt>よう</rt>院<rt>いん</rt></ruby>で<ruby>髪<rt>かみ</rt></ruby>を<ruby>切<rt>き</rt></ruby>っています。　여성이 미용실에서 머리를 자르고 있습니다.

- **やかん** 주전자

　예 やかんでお<ruby>湯<rt>ゆ</rt></ruby>を<ruby>沸<rt>わ</rt></ruby>かしているところです。　주전자로 물을 끓이고 있는 중입니다.

- **ごみ箱** ごみ<ruby>箱<rt>ばこ</rt></ruby> 쓰레기통

　예 <ruby>道路<rt>どうろ</rt></ruby>の<ruby>隅<rt>すみ</rt></ruby>にごみ<ruby>箱<rt>ばこ</rt></ruby>があります。　도로 구석에 쓰레기통이 있습니다.

- **噴水** <ruby>噴<rt>ふん</rt>水<rt>すい</rt></ruby> 분수

　예 <ruby>噴<rt>ふん</rt>水<rt>すい</rt></ruby>から<ruby>水柱<rt>みずばしら</rt></ruby>が<ruby>勢<rt>いきお</rt></ruby>いよく<ruby>噴<rt>ふ</rt></ruby>き<ruby>出<rt>で</rt></ruby>ています。　분수에서 물기둥이 기세 좋게 뿜어져 나오고 있습니다.

- **円形** <ruby>円<rt>えん</rt>形<rt>けい</rt></ruby> 원형

　예 <ruby>建物<rt>たてもの</rt></ruby>の<ruby>屋根<rt>やね</rt></ruby>は<ruby>円<rt>えん</rt>形<rt>けい</rt></ruby>になっています。　건물의 지붕은 원형으로 되어 있습니다.

- **柱** <ruby>柱<rt>はしら</rt></ruby> 기둥

　예 <ruby>柱<rt>はしら</rt></ruby>は<ruby>丸<rt>まる</rt></ruby>い<ruby>形<rt>かたち</rt></ruby>をしています。　기둥은 둥근 모양을 하고 있습니다.

- **円錐形** <ruby>円<rt>えん</rt>錐<rt>すい</rt>形<rt>けい</rt></ruby> 원뿔 모양

　예 <ruby>公園<rt>こうえん</rt></ruby>の<ruby>中<rt>なか</rt></ruby>に<ruby>円<rt>えん</rt>錐<rt>すい</rt>形<rt>けい</rt></ruby>のオブジェが<ruby>見<rt>み</rt></ruby>えます。　공원 안에 원뿔 모양의 오브제가 보입니다.

- **ひびが入る**　금이 가다

  例 建物の壁にひびが入っています。　건물 벽에 금이 가 있습니다.

- **コインロッカー**　코인 락커

  例 コインロッカーは故障しています。　코인 락커는 고장나 있습니다.

- **積み重なる**　겹쳐 쌓이다

  例 空き皿がきれいに積み重なっています。　빈접시가 가지런히 겹쳐 쌓여 있습니다.

- **正面**　정면

  例 建物の正面は立ち入り禁止になっています。　건물 정면은 출입금지입니다.

- **整然と**　정연하게 · 가지런히

  例 玄関に靴が整然と置いてあります。　현관에 신발이 가지런히 놓여 있습니다.

- **乱雑に**　난잡하게

  例 部屋の中に服が乱雑に置いてあります。　방 안에 옷이 난잡하게 놓여 있습니다.

- **貼る**　붙이다

  例 壁一面にポスターが貼ってあります。　벽 일면에 포스터가 붙여져 있습니다.

- **交互に**　번갈아

  例 二種類の模型が交互に陳列されています。　두 종류의 모형이 번갈아 진열되어 있습니다.

- **四角い**　네모지다

  例 四角いお皿の上に料理が盛られています。　네모진 접시 위에 요리가 담겨 있습니다.

- **対称**　대칭

  例 この飾り物は左右対称の形をしています。　이 장식품은 좌우대칭의 모양을 하고 있습니다.

※ 메모하면서 들어 보세요. ✎　　　　　　　　　　　　　　Track 2-06 🎧

01 

(A) _______________________________

(B) _______________________________

(C) _______________________________

(D) _______________________________

02 

(A) _______________________________

(B) _______________________________

(C) _______________________________

(D) _______________________________

03 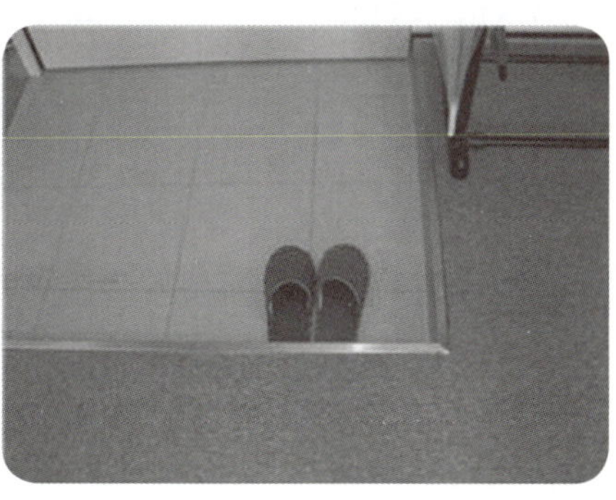

(A) _______________________________

(B) _______________________________

(C) _______________________________

(D) _______________________________

04 

(A) _______________________________

(B) _______________________________

(C) _______________________________

(D) _______________________________

05

(A) ___________________________
(B) ___________________________
(C) ___________________________
(D) ___________________________

06

(A) ___________________________
(B) ___________________________
(C) ___________________________
(D) ___________________________

07

(A) ___________________________
(B) ___________________________
(C) ___________________________
(D) ___________________________

08

(A) ___________________________
(B) ___________________________
(C) ___________________________
(D) ___________________________

글자

 한눈에 들여다보기

PART 1 사진 묘사에서 글자가 등장하는 사진은 무엇보다도 파본 검사 시간을 이용해 미리 글자의 내용을 읽어 두는 것이 중요하다. 왜냐하면 선택지와 선택지 사이의 시간 간격이 거의 없어 선택지를 듣고 사진으로 확인을 하려고 하면 이미 다음 선택지가 나와 버린다. 따라서 파본 검사나 문제와 문제 사이의 여유 시간을 잘 활용해 미리 내용을 파악해 둘 필요가 있다. 그리고 문제가 나올 때 바로 확인이 가능하도록 중요 내용은 메모를 해 두는 것도 필요하다. 실제 시험에서는 「営業時間(영업시간)」, 「年中無休(연중무휴)」, 「料金(요금)」, 「昼休み(점심시간)」 등의 어휘나 「～てはいけません(~해서는 안 됩니다)」, 「～てもいいです(~해도 됩니다)」, 「～なければなりません(~하지 않으면 안 됩니다)」 등의 문형이 자주 출제되므로 이 부분에 대한 학습이 필요하다.

글자가 등장하는 사진은 글자의 특징도 주목할 필요가 있다. 한자로만 적혀져 있는지, 아니면 히라가나나 숫자 등도 사진에 함께 나오는지 등 특징을 정확하게 파악해 두어야 하고 간혹 글자의 크기를 묻는 문제도 있으므로 복수의 글자가 나올 때는 크기도 확인해 두도록 하자.

마지막으로 글자의 내용을 직접 묻는 문제는 보통 주차장, 병원의 진료 시간 안내나 가게 앞의 각종 게시판, 광고 전단지의 내용이나 팜플렛 등이 출제되고 있다. 사진에서 글자가 아주 많은 경우에는 세부적인 설명을 찾는 문제보다는 내용 전체를 포괄할 수 있는 문제로 출제된다. 따라서 글자 내용이 많을 때는 무엇에 관한 설명인지 정도만 미리 파악해 두고 문제를 듣도록 하자.

출제 유형	주의해야 될 요건	관련 어휘 & 표현
글자	· 파본 검사 시간이나 문제와 문제 사이의 여유 시간을 이용해 미리 글자의 내용을 읽어둘 것 · 한자, 히라가나, 가타카나, 숫자 등 사진에 등장하는 글자의 특징을 파악해 둘 것 · 사진에 글자가 많이 등장할 때는 가장 두드러진 글자에 주목할 것 · 자주 출제되는 어휘나 문형을 반드시 숙지해 둘 것	· 漢字 한자 · 看板 간판 · 禁止 금지 · 営業時間 영업시간 · ～てはいけません ~해서는 안 됩니다

※ 메모하면서 들어 보세요. ✎

01

(A) ________________________________

(B) ________________________________

(C) ________________________________

(D) ________________________________

02

(A) ________________________________

(B) ________________________________

(C) ________________________________

(D) ________________________________

03

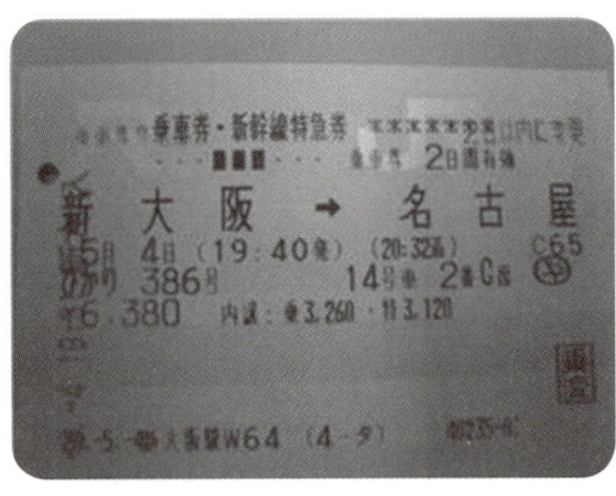

(A) ________________________________

(B) ________________________________

(C) ________________________________

(D) ________________________________

04

(A) ________________________________

(B) ________________________________

(C) ________________________________

(D) ________________________________

05

(A) _______________________________
(B) _______________________________
(C) _______________________________
(D) _______________________________

06

(A) _______________________________
(B) _______________________________
(C) _______________________________
(D) _______________________________

07

(A) _______________________________
(B) _______________________________
(C) _______________________________
(D) _______________________________

08

(A) _______________________________
(B) _______________________________
(C) _______________________________
(D) _______________________________

- 漢字（かんじ） 한자

例 漢字（かんじ）しか書（か）いていません。　　　한자밖에 쓰여 있지 않습니다.

- ～てはいけません　～해서는 안 됩니다

例 ここでたばこを吸（す）ってはいけません。　　　여기에서 담배를 피워서는 안 됩니다.

- 定休日（ていきゅうび） 정기 휴일

例 この店（みせ）は月曜日（げつようび）が定休日（ていきゅうび）です。　　　이 가게는 월요일이 정기 휴일입니다.

- ～当（あ）たり　～당

例 駐車料金（ちゅうしゃりょうきん）は1時間（じかん）当（あ）たり100円（えん）です。　　　주차 요금은 1시간 당 100 엔입니다.

- 表示（ひょうじ） 표시

例 到着（とうちゃく）する飛行機（ひこうき）が画面（がめん）に表示（ひょうじ）されています。　　　도착하는 비행기가 화면에 표시되어 있습니다.

- 営業時間（えいぎょうじかん） 영업시간

例 この店（みせ）の営業時間（えいぎょうじかん）は朝（あさ）9時（じ）から午後（ごご）10時（じ）までです。　　　이 가게의 영업시간은 아침 9시부터 오후 10시까지입니다.

- 限（かぎ）る 한정하다 · 제한하다

例 駐車（ちゅうしゃ）できる時間（じかん）は限（かぎ）られています。　　　주차할 수 있는 시간은 제한되어 있습니다.

- 禁止（きんし） 금지

例 ここから先（さき）に入（はい）ることは禁止（きんし）されています。　　　여기에서 앞쪽으로 들어가는 것은 금지되어 있습니다.

- 利用（りよう） 이용

例 この施設（しせつ）は会員（かいいん）に限（かぎ）り利用（りよう）することができます。　　　이 시설은 회원에 한해 이용할 수가 있습니다.

- 制限（せいげん） 제한

例 ここは車（くるま）を止（と）める時間（じかん）が制限（せいげん）されています。　　　여기는 자동차를 세우는 시간이 제한되어 있습니다.

※ 메모하면서 들어 보세요. Track 2-08

01

(A) ______________________
(B) ______________________
(C) ______________________
(D) ______________________

02

(A) ______________________
(B) ______________________
(C) ______________________
(D) ______________________

03

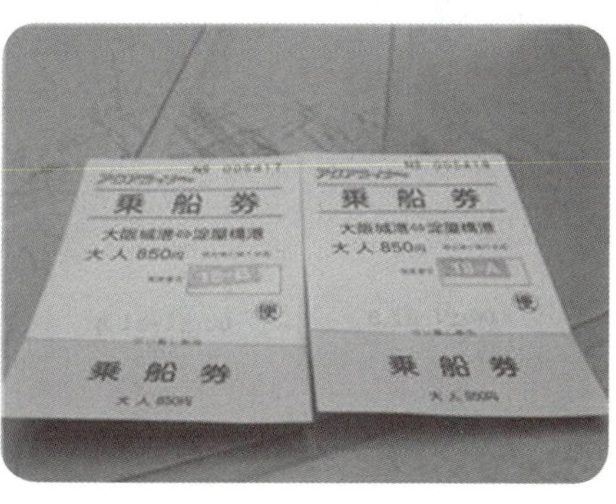

(A) ______________________
(B) ______________________
(C) ______________________
(D) ______________________

04

(A) ______________________
(B) ______________________
(C) ______________________
(D) ______________________

05

(A) ____________________________

(B) ____________________________

(C) ____________________________

(D) ____________________________

06

(A) ____________________________

(B) ____________________________

(C) ____________________________

(D) ____________________________

07

(A) ____________________________

(B) ____________________________

(C) ____________________________

(D) ____________________________

08

(A) ____________________________

(B) ____________________________

(C) ____________________________

(D) ____________________________

도로나 교통 및 건물

도로나 교통 및 건물과 관련된 사진도 꽤 빈도가 높게 출제되고 있는데, 선택지에 직접적으로 교통 기관이나 건물과 관련된 어휘가 나오는 경우가 많으므로 이 부분에 대한 공부가 필요하다.

도로나 교통 이 부분의 사진은 주로 도로의 상태나 교통 상황 등을 묻는 문제로 출제된다. 사진 묘사 문제 전체로는 20퍼센트 정도의 비중을 차지하는 부분인데, 개별적인 단어를 모르고서는 정답을 찾기가 상당히 난해한 부분이기도 하다. 그리고 거의 매 시험 출제되고 있는 자동사와 타동사의 진행 및 상태 표현과「～ところだ」앞에 오는 동사 형태에 따른 의미 차이는 반드시 기억해 두어야 한다.

· 자동사 + ている ~하고 있다(진행), ~해져 있다(상태) · 기본형 + ところだ ~하려던 참이다

· 타동사 + ている ~하고 있다(진행) · 진행형 + ところだ ~하고 있는 중이다

· 타동사 + てある ~해져 있다(상태) · た형 + ところだ 막 ~했다

건물 사진 묘사에서 10퍼센트 정도를 차지하는 부분이 건물과 관련된 사진인데, 주로 주택가 및 고층 건물이 많이 들어선 대도시 사진으로 출제된다. 주택가 사진은 건물 하나하나의 특징 파악은 물론 주택가 전체의 상황 및 분위기도 잘 파악해야 실수가 없다. 대도시 사진은 '우뚝 솟다'라는 의미의「そびえる」나 '늘어서다'라는 의미인「立ち並ぶ」등 건물의 특징을 나타내는 동사들이 상당히 까다롭게 나오는 경우가 많으므로 이 부분에 대한 학습이 필요하다.

출제 유형	주의해야 될 요건	관련 어휘 & 표현
도로나 교통	· 가장 출제 빈도가 높은 전철역 사진을 중심으로 빈출 어휘를 정리해 둘 것 · 자동사와 타동사에 따른 진행 및 상태 표현을 확실히 구분해 둘 것 ·「～ところだ」앞의 시제에 따른 의미 차이를 기억해 둘 것 · 빈도는 낮으나 비행기 및 배 관련 표현도 정리해 둘 것	· 渋滞 정체 · 信号 신호 · 交差点 교차로 · 改札口 개찰구 · 横断歩道 횡단보도
건물	· 건물의 전체적인 특징이나 형태에 주목할 것 · 건물의 형태를 나타내는 い형용사를 숙지해 둘 것 · 다수의 건물이 등장하는 경우 높이나 크기도 유심히 봐 둘 것 · 빌딩 사진의 경우 빈출 동사를 중심으로 어휘를 정리 해 둘 것	· 形 모양, 형태 · 住宅街 주택가 · 丸い 둥글다 · そびえる 우뚝 솟다 · ガラス張り 전면이 유리로 된 창

※ 메모하면서 들어 보세요. Track 2-09

01

(A) ______________________________

(B) ______________________________

(C) ______________________________

(D) ______________________________

02

(A) ______________________________

(B) ______________________________

(C) ______________________________

(D) ______________________________

03

(A) ______________________________

(B) ______________________________

(C) ______________________________

(D) ______________________________

04

(A) ______________________________

(B) ______________________________

(C) ______________________________

(D) ______________________________

05

(A) _______________________________

(B) _______________________________

(C) _______________________________

(D) _______________________________

06

(A) _______________________________

(B) _______________________________

(C) _______________________________

(D) _______________________________

07

(A) _______________________________

(B) _______________________________

(C) _______________________________

(D) _______________________________

08

(A) _______________________________

(B) _______________________________

(C) _______________________________

(D) _______________________________

・信号待ち　신호 대기

예　横断歩道の前で信号待ちをしている人がいます。

횡단보도 앞에서 신호 대기를 하고 있는 사람이 있습니다.

・渋滞　정체

예　道路はひどい渋滞で前に進めない状態です。

도로는 심한 정체로 앞으로 나아갈 수 없는 상태입니다.

・踏み切り　철도 건널목

예　車が踏み切りを渡っています。

자동차가 철도 건널목을 건너고 있습니다.

・一方通行　일방통행

예　ここは一方通行です。

여기는 일방통행입니다.

・搭乗　탑승

예　空港は搭乗手続きをする人で込んでいます。

공항은 탑승 수속을 하는 사람들로 혼잡합니다.

・立ち入り禁止　출입금지

예　ここからは立ち入り禁止になっています。

여기부터는 출입금지입니다.

・入口　입구

예　駅の入口は人で込み合っています。

역 입구는 사람들로 혼잡합니다.

・窓口　창구

예　駅の窓口で切符を買っている人が見えます。

역 창구에서 표를 사고 있는 사람이 보입니다.

・売り場　매장

예　ここは衣料品売り場です。

여기는 의료품 매장입니다.

・屋台　포장마차

예　二人は屋台で何かを食べています。

두 사람은 포장마차에서 뭔가를 먹고 있습니다.

- 港 <ruby>港<rt>みなと</rt></ruby> 항구

예 <ruby>港<rt>みなと</rt></ruby>に<ruby>大<rt>おお</rt></ruby>きな<ruby>船<rt>ふね</rt></ruby>がたくさん<ruby>停泊<rt>ていはく</rt></ruby>しています。　　항구에 큰 배가 많이 정박해 있습니다.

- <ruby>展望台<rt>てんぼうだい</rt></ruby> 전망대

예 <ruby>展望台<rt>てんぼうだい</rt></ruby>で<ruby>大勢<rt>おおぜい</rt></ruby>の<ruby>人<rt>ひと</rt></ruby>が<ruby>景色<rt>けしき</rt></ruby>を<ruby>眺<rt>なが</rt></ruby>めています。　　전망대에서 많은 사람들이 경치를 바라보고 있습니다.

- <ruby>一戸建<rt>いっこだ</rt></ruby>て 단독주택

예 ここは<ruby>一戸建<rt>いっこだ</rt></ruby>てが<ruby>立<rt>た</rt></ruby>ち<ruby>並<rt>なら</rt></ruby>んでいる<ruby>住宅街<rt>じゅうたくがい</rt></ruby>です。　　여기는 단독주택이 늘어선 주택가입니다.

- <ruby>構内<rt>こうない</rt></ruby> 구내

예 <ruby>駅<rt>えき</rt></ruby>の<ruby>構内<rt>こうない</rt></ruby>は<ruby>禁煙<rt>きんえん</rt></ruby>になっています。　　역 구내는 금연입니다.

- そびえる 우뚝 솟다

예 <ruby>高<rt>たか</rt></ruby>いビルがたくさんそびえている<ruby>都市<rt>とし</rt></ruby>の<ruby>風景<rt>ふうけい</rt></ruby>です。　　높은 빌딩이 많이 우뚝 솟아 있는 도시 풍경입니다.

- <ruby>開店<rt>かいてん</rt></ruby> 개점

예 <ruby>店員<rt>てんいん</rt></ruby>が<ruby>開店<rt>かいてん</rt></ruby>の<ruby>準備<rt>じゅんび</rt></ruby>をしているところです。　　점원이 개점 준비를 하고 있는 중입니다.

- ガレージ 차고

예 ガレージのシャッターは<ruby>閉<rt>し</rt></ruby>まっています。　　차고의 셔터는 닫혀 있습니다.

- <ruby>空<rt>あ</rt></ruby>き<ruby>地<rt>ち</rt></ruby> 공터

예 <ruby>空<rt>あ</rt></ruby>き<ruby>地<rt>ち</rt></ruby>で<ruby>子供<rt>こども</rt></ruby>たちがボール<ruby>遊<rt>あそ</rt></ruby>びをしています。　　공터에서 아이들이 공놀이를 하고 있습니다.

- <ruby>突<rt>つ</rt></ruby>き<ruby>当<rt>あ</rt></ruby>たり 막다른 곳

예 <ruby>路地<rt>ろじ</rt></ruby>の<ruby>突<rt>つ</rt></ruby>き<ruby>当<rt>あ</rt></ruby>たりに<ruby>大<rt>おお</rt></ruby>きな<ruby>木<rt>き</rt></ruby>があります。　　골목길의 막다른 곳에 큰 나무가 있습니다.

- ガラス<ruby>張<rt>ば</rt></ruby>り 전면이 유리로 된 창

예 ビルの<ruby>正面<rt>しょうめん</rt></ruby>はガラス<ruby>張<rt>ば</rt></ruby>りになっています。　　빌딩 정면은 전면이 유리로 된 창문입니다.

- **船着き場** 선착장

例 船着き場に船がたくさん停泊しています。

선착장에 배가 많이 정박해 있습니다.

- **高層ビル** 고층빌딩

例 高層ビルが立ち並ぶ都心部の写真です。

고층빌딩이 늘어선 도심부 사진입니다.

- **乗り場** 타는 곳

例 ホームの乗り場は電車を待つ人でいっぱいです。

홈의 타는 곳은 전철을 기다리는 사람들로 가득합니다.

- **パトカー** 경찰차

例 道端にパトカーが停めてあります。

길가에 경찰차가 세워져 있습니다.

- **がらがら** 텅텅 비어 있는 모양

例 電車の中はがらがらです。

전철 안은 텅텅 비어 있습니다.

- **くねくね** 구불구불 굽어 있는 모양

例 ここから先の道はくねくねと曲がっています。

여기부터 앞쪽 길은 구불구불 굽어 있습니다.

- **消防車** 소방차

例 消防車が何台も道路を走っています。

소방차가 몇 대나 도로를 달리고 있습니다.

- **停留所** 정류소

例 停留所でバスを待っている人が見えます。

정류소에서 버스를 기다리고 있는 사람이 보입니다.

- **乗り降り** 타고 내림

例 ホームは乗り降りする人でごった返しています。

홈은 타고 내리는 사람들로 혼잡합니다.

- **交差点** 교차로

例 交差点で左折する車が見えます。

교차로에서 좌회전하는 자동차가 보입니다.

※ 메모하면서 들어 보세요. ✎   Track 2-10 🎧

01

(A) _______________________________
(B) _______________________________
(C) _______________________________
(D) _______________________________

02

(A) _______________________________
(B) _______________________________
(C) _______________________________
(D) _______________________________

03

(A) _______________________________
(B) _______________________________
(C) _______________________________
(D) _______________________________

04

(A) _______________________________
(B) _______________________________
(C) _______________________________
(D) _______________________________

05 

(A) _______________________

(B) _______________________

(C) _______________________

(D) _______________________

06 

(A) _______________________

(B) _______________________

(C) _______________________

(D) _______________________

07 

(A) _______________________

(B) _______________________

(C) _______________________

(D) _______________________

08 

(A) _______________________

(B) _______________________

(C) _______________________

(D) _______________________

전체적인 풍경 및 상황

　전체적인 풍경 및 상황에 관한 문제는 보통 17번에서 20번까지 4문제 정도가 출제되고 있다. 비중 면에서는 그렇게 높지 않지만, 사진 묘사에서 가장 난이도가 높은 부분이므로 꼼꼼히 공부해 두어야한다.

　전체적인 풍경 및 상황 묘사 문제는 일단 묘사의 문장 길이 자체가 앞의 문제들보다는 상당히 길고 표현 또한 훨씬 까다롭게 출제된다. 하지만 대부분의 경우 문 말의 동사 부분만으로 답을 찾을 수 있는 경우가 많으므로, 끝 부분에 나오는 동사를 잘 메모하면서 듣도록 하자.

　이 부분의 문제 풀이 요령으로는 우선 파본 검사 등의 시간을 활용해 사진에서 눈에 띄게 두드러진 풍경에 주목하고 그 부분에 표시를 해 두면 나중에 문제를 들을 때 상당히 도움이 되므로, 미리 사진에 대해서 파악해 두도록 하자. 또한 풍경 및 상황 묘사 문제는 어휘가 상당히 까다롭기 때문에 모든 표현을 알아들으려고 하지 말고 사진과 관련 없는 단어를 듣고 오답을 가려내는 연습을 해 두는 것도 한 가지 방법이다.

출제 유형	주의해야 될 요건	관련 어휘 & 표현
전체적인 풍경 및 상황	· 사진에서 눈에 띄게 두드러진 부분에 주목할 것 · 사진과 전혀 관련이 없는 단어로 오답을 가려내는 연습을 해 둘 것 · 세부적인 부분을 묻는 경우를 대비해 파본 검사 시간에 구석구석 꼼꼼히 봐 둘 것 · 대부분의 경우 끝 부분의 동사에서 정답이 갈리는 경우가 많으므로 동사를 유심히 들을 것	· 塀 담장, 울타리 · 雑踏 혼잡 · 古ぼける 오래되다 · 疎らだ 드문드문하다 · ごった返す 혼잡하다 · のどかだ 한가롭다

※ 메모하면서 들어 보세요. 　　　　　　　　　　　Track 2-11

01 

(A) ________________________
(B) ________________________
(C) ________________________
(D) ________________________

02 

(A) ________________________
(B) ________________________
(C) ________________________
(D) ________________________

03 

(A) ________________________
(B) ________________________
(C) ________________________
(D) ________________________

04 

(A) ________________________
(B) ________________________
(C) ________________________
(D) ________________________

05

(A) ___________________________
(B) ___________________________
(C) ___________________________
(D) ___________________________

06

(A) ___________________________
(B) ___________________________
(C) ___________________________
(D) ___________________________

07

(A) ___________________________
(B) ___________________________
(C) ___________________________
(D) ___________________________

08

(A) ___________________________
(B) ___________________________
(C) ___________________________
(D) ___________________________

・矢印（やじるし） 화살표

예 矢印は違う方向を指しています。　　화살표는 다른 방향을 가리키고 있습니다.

・柵（さく） 철책

예 子供が柵に肘をついて何かを見ています。　　아이가 철책에 팔꿈치를 괴고 뭔가를 보고 있습니다.

・街路樹（がいろじゅ） 가로수

예 街路樹がトンネルみたいに生い茂っています。　　가로수가 터널처럼 우거져 있습니다.

・パフォーマンス 퍼포먼스

예 大勢の人がピエロのパフォーマンスを見ています。　　많은 사람들이 피에로의 퍼포먼스를 보고 있습니다.

・ショーウィンドー 쇼윈도 · 진열장

예 ショーウィンドーに色々な料理が陳列されています。　　쇼윈도에 여러 가지 요리가 진열되어 있습니다.

・花火（はなび） 불꽃놀이

예 大勢の人が花火を見物しています。　　많은 사람들이 불꽃놀이를 구경하고 있습니다.

・彫刻（ちょうこく） 조각

예 人の形をした彫刻が飾ってあります。　　사람의 모양을 한 조각이 장식되어 있습니다.

・雑踏（ざっとう） 혼잡 · 붐빔

예 これは雑踏している都会の写真です。　　이것은 혼잡한 도회지 사진입니다.

・覆う（おおう） 뒤덮다

예 大雪が降って町全体が雪に覆われています。　　폭설이 내려 마을 전체가 눈으로 뒤덮여 있습니다.

・浜辺（はまべ） 바닷가

예 浜辺は日光浴を楽しんでいる人でいっぱいです。　　바닷가는 일광욕을 즐기고 있는 사람들로 가득합니다.

- **疎（まば）らだ** 드문드문하다

  例 競技場（きょうぎじょう）のサポーター席（せき）は人影（ひとかげ）も疎（まば）らです。　경기장의 서포터석은 사람의 모습도 드문드문합니다.

- **古（ふる）ぼける** 오래되다

  例 古（ふる）ぼけた木造（もくぞう）の家（いえ）が見（み）えます。　오래된 목조로 된 집이 보입니다.

- **植木鉢（うえきばち）** 화분

  例 ベランダに植木鉢（うえきばち）がいくつか置（お）いてあります。　베란다에 화분이 몇 개 놓여 있습니다.

- **囲（かこ）む** 둘러싸다

  例 塔（とう）は深（ふか）い森（もり）に囲（かこ）まれています。　탑은 깊은 숲으로 둘러싸여 있습니다.

- **崖（がけ）** 절벽

  例 険（けわ）しい崖（がけ）の上（うえ）に人（ひと）が見（み）えます。　험한 절벽 위에 사람이 보입니다.

- **寛（くつろ）ぐ** 편히 쉬다

  例 大（おお）きな木（き）の下（した）で寛（くつろ）いでいる人々（ひとびと）がいます。　큰 나무 아래에서 편히 쉬고 있는 사람들이 있습니다.

- **手（て）すり** 난간

  例 男性（だんせい）が手（て）すりにもたれています。　남성이 난간에 기대어 있습니다.

- **生（お）い茂（しげ）る** 우거지다

  例 草木（くさき）が生（お）い茂（しげ）っている野原（のはら）の風景（ふうけい）です。　초목이 우거져 있는 들판 풍경입니다.

- **緩（ゆる）やかだ** 완만하다

  例 緩（ゆる）やかな坂道（さかみち）をトラックが上（のぼ）ってきます。　경사가 완만한 언덕길을 트럭이 올라오고 있습니다.

- **飾（かざ）る** 장식하다

  例 部屋（へや）の中（なか）は大（おお）きなばらで飾（かざ）られています。　방 안은 큰 장미로 장식되어 있습니다.

- **居間** 거실

  例 居間にソファーやテーブルが置いてあります。　　　거실에 소파나 테이블이 놓여 있습니다.

- **境内** 경내

  例 境内はお祈りする人でごった返しています。　　　경내는 기도하는 사람들로 혼잡합니다.

- **閑散** 한산

  例 商店街は買い物客の姿もなく、閑散としています。　　　상점가는 쇼핑객의 모습도 없고 한산합니다.

- **ごつごつ** 울퉁불퉁한 모양

  例 ごつごつとした岩が多い海岸の風景です。　　　울퉁불퉁한 바위가 많은 해안의 풍경입니다.

- **ぎざぎざ** 톱날처럼 깔쭉깔쭉한 모양

  例 これはぎざぎざした葉っぱをクローズアップして撮った写真です。　　　이것은 깔쭉깔쭉한 잎을 클로즈업해서 찍은 사진입니다.

- **殺風景** 살풍경 · 경치나 풍경이 메마름

  例 部屋の中は家具も全くなく、殺風景です。　　　방 안은 가구도 전혀 없고, 메마른 풍경입니다.

- **鳥居** 도리이 · 신사 앞에 세워진 기둥 모양의 문

  例 大きい鳥居の下を車が通っています。　　　큰 도리이 아래를 자동차가 통과하고 있습니다.

- **野原** 들판

  例 子供たちが野原で駆け回っています。　　　아이들이 들판에서 뛰어다니고 있습니다.

- **山頂** 산정상

  例 山頂には残雪が見えます。　　　산정상에는 잔설이 보입니다.

- **からりと** 화창하게 · 활짝

  例 からりと晴れた天気で、雲一つありません。　　　화창하게 맑은 날씨로 구름 한 점 없습니다.

※ 메모하면서 들어 보세요.　Track **2-12**

01 

(A) _______________________

(B) _______________________

(C) _______________________

(D) _______________________

02 

(A) _______________________

(B) _______________________

(C) _______________________

(D) _______________________

03 

(A) _______________________

(B) _______________________

(C) _______________________

(D) _______________________

04 

(A) _______________________

(B) _______________________

(C) _______________________

(D) _______________________

05

(A) _______________
(B) _______________
(C) _______________
(D) _______________

06

(A) _______________
(B) _______________
(C) _______________
(D) _______________

07

(A) _______________
(B) _______________
(C) _______________
(D) _______________

08

(A) _______________
(B) _______________
(C) _______________
(D) _______________

Track 2-13 

Ⅰ. 次の写真を見て、その内容に合っている表現を(A)から(D)の中で一つ選びなさい。

01

02

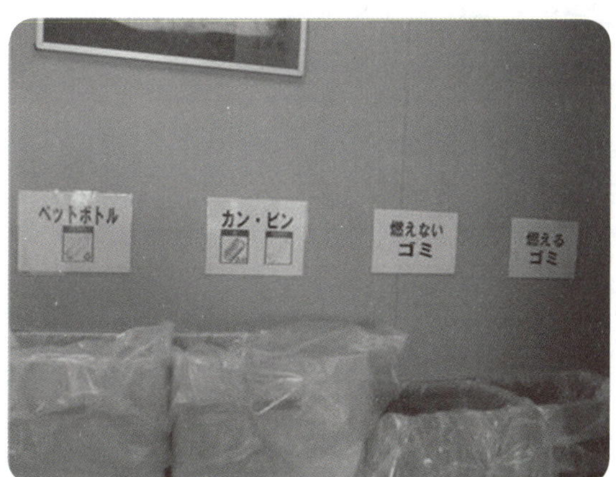

03

04

05

06

07

08

09

10

11

12

15

16

17

18

19

20

MEMO

Part 2

질의응답

의문사형 질문 1 – 숫자

PART2 질의 응답에서 평균 6문제 정도 출제되는 의문사형 질문은 숫자, 장소, 무엇, 내용이나 방법, 성질이나 상태, 정도로 나눌 수 있다. 의문사형 질문은 위치상 대부분 뒤쪽에 의문사가 오는 경우가 많으므로 뒷부분을 중점적으로 들어야하는데, PART2 질의 응답 유형 중에서는 가장 쉬운 유형이므로 이 부분의 문제는 무조건 다 맞추도록 충분한 연습을 해 두어야한다.

'숫자' 관련 의문사형 질문은 「いつ(언제)」, 「いくつ(몇 개)」, 「何時(몇 시)」, 「何人(몇 사람)」 등의 형태가 가장 많이 출제된다. 대답 방법으로는 시간이나 날짜, 금액, 인원, 요일로 대답하는 것이 보통인데 의문사 다음에 나오는 조사에도 주의를 하면서 들어야 실수가 없다.

'숫자' 관련 의문사형 질문에서 오답으로 자주 나오는 것이 시제를 틀리게 해서 제시하는 유형이다. 예를 들어 「今日のパーティーは何時から始まりますか。(오늘 파티는 몇 시부터 시작되나요?)」라는 질문에 대한 오답으로 「昨日の1時からでした。(어제 1시부터였어요.)」처럼 시제를 과거형으로 제시한 보기가 자주 등장하므로 문제 문장을 들을 때는 항상 시제에 주의하도록 하자. 기타 장소나 과거의 경험 등을 나타내는 표현들이 선택지에 등장하는 경우도 있으므로 이런 유형도 함께 기억해 두도록 하자.

출제 유형	주의해야 될 요건	관련 어휘 & 표현
숫자	· 의문사로 묻는 경우 '예'나 '아니요'로 대답할 수 없다는 것을 꼭 기억해 둘 것 · 의문사형 질문은 위치상 뒤쪽에 의문사가 오는 경우가 많으므로 뒷부분을 중점적으로 들을 것 · 문제 문장의 시제에 주의하면서 들을 것 · '숫자'와 관련된 의문사형 질문은 「いつ」「いくら」「いくつ」 등 기본적인 의문사의 의미를 확실히 숙지 해 둘 것	· いつ 언제 · 何時 몇 시 · 何人 몇 사람 · いくら 얼마 · いくつ 몇 개 · おいくつ 몇 살

※ 메모하면서 들어 보세요. 　　　　　　　　　　　　Track **3-01**

01 問
(A) _______________________________
____
(B) _______________________________
____
(C) _______________________________
____
(D) _______________________________
____

02 問
(A) _______________________________
____
(B) _______________________________
____
(C) _______________________________
____
(D) _______________________________
____

03 問
(A) _______________________________
____
(B) _______________________________
____
(C) _______________________________
____
(D) _______________________________
____

04 問
(A) _______________________________
____
(B) _______________________________
____
(C) _______________________________
____
(D) _______________________________
____

05 問
(A) _______________________________
____
(B) _______________________________
____
(C) _______________________________
____
(D) _______________________________
____

06 問
(A) _______________________________
____
(B) _______________________________
____
(C) _______________________________
____
(D) _______________________________
____

Unit 01　의문사형 질문 1 – 숫자

・いつ 언제

예 食事はいつしましたか。   식사는 언제 했나요?
1時間前にしました。   1시간 전에 했어요.

・いつから 언제부터

예 今日のパーティーはいつから始まりますか。   오늘 파티는 언제부터 시작되나요?
午後1時から始まります。   오후 1시부터 시작돼요.

・いくら 얼마

예 すみませんが、これいくらですか。   죄송한데, 이거 얼마인가요?
2枚で千円です。   두 장에 천 엔이에요.

・何人 몇 사람·몇 명

예 教室には何人残っていましたか。   교실에는 몇 명 남아 있었나요?
一人も残っていませんでした。   한 명도 남아 있지 않았어요.

・いくつ 몇 개

예 りんごはいくつ買いましたか。   사과는 몇 개 샀나요?
全部で九つ買いました。   전부해서 아홉 개 샀어요.

・おいくつ 몇 살

예 すみませんが、おいくつですか。   죄송한데, 연세가 어떻게 되시나요?
今年還暦になります。   올해 환갑이에요.

・何時頃 몇 시쯤

예 先生のお宅は何時頃伺いましたか。   선생님 댁은 몇 시쯤 찾아뵈었나요?
午後1時に伺いました。   오후 1시에 찾아뵈었어요.

・何時まで 몇 시까지

예 昨日は何時まで勉強しましたか。   어제는 몇 시까지 공부했나요?
夜11時まで勉強しました。   밤 11시까지 공부했어요.

※ 메모하면서 들어 보세요. Track 3-02

01 問
(A)
(B)
(C)
(D)

02 問
(A)
(B)
(C)
(D)

03 問
(A)
(B)
(C)
(D)

04 問
(A)
(B)
(C)
(D)

05 問
(A)
(B)
(C)
(D)

06 問
(A)
(B)
(C)
(D)

의문사형 질문 2 – 장소 · 누구

  의문사형 질문 중에서 '장소'와 '누구'를 묻는 문제도 '예'나 '아니요'로 대답할 수 없다는 점이나 문제 문장의 시제에 주의하면서 들어야한다는 점 등은 앞선 숫자 관련 의문사형 질문과 동일하지만 실수를 가장 많이 하는 의문사형 질문이므로 충분한 연습이 필요하다고 할수 있다.

장소 의문사형 질문 중에서 '장소'를 묻는 문제는「どこ(어디)」나「どんな所(어떤 곳)」라는 의문사로 제시되는 유형을 말한다. 이 유형들은 의문사 다음에 오는 조사나 뒷부분의 동사 등에 따라 정답이 달라지므로 이런 부분에 주의를 하면서 들어야 한다. 같은 장소를 묻는 표현이라고 하더라도「どこですか。(어디입니까?)」,「どこで会いますか。(어디에서 만납니까?)」,「どこにありますか。(어디에 있습니까?)」는 모두 대답하는 방법에서 차이가 나므로 조사와 뒷부분 내용에 주의하도록 하자.

누구「誰(누구)」나「どなた(어느 분)」로 대표되는 '누구'를 묻는 의문사형 질문도 장소를 묻는 문제와 마찬가지로 의문사 다음에 나오는 조사나 문말 표현을 놓치면 실수를 하기 쉬운 부분이다. 수수 표현이 이들 의문사와 함께 사용되어 있는 질문에는 특히 주의를 요한다. 예를 들어「その本は誰にあげましたか。(그 책은 누구에게 줬나요?)」라는 질문에는「弟にあげました。(남동생에게 줬어요.)」처럼 준 대상과「あげる」로 대답하면 되지만「くれる」나「もらう」등의 다른 수수 표현으로 바꿔서 선택지에 제시하는 경우도 있다. 따라서 '누구'인지를 묻는 의문사형 질문은 누가 어떤 동작이나 작용을 하는지 끝까지 잘 듣고 정답을 고르도록 하자.

출제 유형	주의해야 될 요건	관련 어휘 & 표현
장소 · 누구	· 의문사로 묻는 경우 '예'나 '아니요'로 대답할 수 없다는 것을 꼭 기억해 둘 것 · 의문사형 질문은 위치상 뒤쪽에 의문사가 오는 경우가 많으므로 뒷부분을 중점적으로 들을 것 · 문제 문장의 시제에 주의하면서 들을 것 · '장소'를 묻는 의문사형 질문은「どこ」다음에 오는 조사에 주의할 것 · '누구'를 묻는 의문사형 질문은 수수 표현과 함께 사용되었을 때 특히 주의할 것	· どこに 어디에 · どこで 어디에서 · どんな所 어떤 곳 · 誰が 누가 · 誰に 누구에게 · どなたに 어느 분에게

※ 메모하면서 들어 보세요. Track **3-03**

01 問
(A) ______________________
(B) ______________________
(C) ______________________
(D) ______________________

02 問
(A) ______________________
(B) ______________________
(C) ______________________
(D) ______________________

03 問
(A) ______________________
(B) ______________________
(C) ______________________
(D) ______________________

04 問
(A) ______________________
(B) ______________________
(C) ______________________
(D) ______________________

05 問
(A) ______________________
(B) ______________________
(C) ______________________
(D) ______________________

06 問
(A) ______________________
(B) ______________________
(C) ______________________
(D) ______________________

Unit 02 의문사형 질문 2 ― 장소 · 누구

・どこ　어디

예 すみませんが、地下鉄の乗り換え口はどこですか。　죄송한데, 지하철 환승구는 어디인가요?
この階段の反対側にあります。　이 계단 반대쪽에 있어요.

・どこで　어디에서 · 어디서

예 素敵なアクセサリーだね。どこで手に入れたの。　멋진 액세서리네. 어디서 손에 넣었어?
昨日、デパートで見つけたんだ。　어제 백화점에서 발견했어.

・どこに　어디에

예 書類はどこに置きましたか。　서류는 어디에 뒀나요?
あの机の上にありますよ。　저 책상 위에 있어요.

・どんな所　어떤 곳

예 京都はどんな所ですか。　교토는 어떤 곳이에요?
昔ながらの趣が感じられる所です。　옛날 그대로의 정취를 느낄 수 있는 곳이에요.

・誰　누구

예 電気をつけっぱなしにして出かけたのは誰ですか。　전기를 켜 둔 채로 나간 건 누구에요?
さあ、私もよくわかりませんね。　글쎄요, 저도 잘 모르겠네요.

・誰に　누구에게

예 そんな噂は誰に聞いたの。　그런 소문은 누구에게 들었어?
中村君がそっと言ってくれたよ。　나카무라 군이 살짝 말해줬어.

・誰が　누가

예 誰がこのゲームを教えてくれたの。　누가 이 게임을 가르쳐 줬어?
幼い時、近所の人に習ったんだ。　어릴 때 이웃 사람에게 배웠어.

・どなた　어느 분

예 鈴木先生はどなたですか。　스즈키 선생님은 어느 분인가요?
あちらの帽子を被っていらっしゃる方です。　저쪽에 모자를 쓰고 계신 분이에요.

※ 메모하면서 들어 보세요. 　　　　　　　　　　　　　　Track 3-04

01 問
(A) ______________________
____
(B) ______________________
____
(C) ______________________
____
(D) ______________________
____

02 問
(A) ______________________
____
(B) ______________________
____
(C) ______________________
____
(D) ______________________
____

03 問
(A) ______________________
____
(B) ______________________
____
(C) ______________________
____
(D) ______________________
____

04 問
(A) ______________________
____
(B) ______________________
____
(C) ______________________
____
(D) ______________________
____

05 問
(A) ______________________
____
(B) ______________________
____
(C) ______________________
____
(D) ______________________
____

06 問
(A) ______________________
____
(B) ______________________
____
(C) ______________________
____
(D) ______________________
____

Unit 02　의문사형 질문 2 ― 정소·누구

의문사형 질문 3 – 무엇 · 내용이나 방법

 최근 시험에서 의문사형 질문 중에서 문항수로 봤을 때 가장 많이 출제되는 것이 '무엇'과 '내용이나 방법'을 묻는 의문사형 질문이다. 기본적인 공부방법은 앞선 의문사형 질문과 동일하지만, 몇 가지 중요한 사항은 각 유형별로 기억해 두도록 하자.

무엇　「何(무엇)」가 포함된 의문사형 질문도 다른 유형과 마찬가지로 조사와 뒷부분에 주의해서 들어야 한다. 또한 이 유형은 「何」의 발음에도 주의를 해야 실수가 없는데, 예를 들어 「何で行きますか。(무엇으로 갑니까?)」라고 하면 교통 수단을 묻는 질문이 되지만 「何で行きますか。(왜 갑니까?)」가 되면 이유를 묻는 문제이므로 이유로 대답을 해야 한다.

내용이나 방법　의문사형 질문 중에서 가장 난이도가 높은 유형이 「どう(어떻게)」로 대표되는 '내용이나 방법'을 묻는 의문사형 질문이다. 주로 수단이나 방법, 시간이나 길이, 가격이나 양, 빈도 등을 묻는 문제로 출제되는데 다른 의문사형 질문과는 달리 앞 부분에 나오는 명사에 따라 정답이 달라지는 경우가 많으므로, 「どう」 앞에 오는 명사에 주의하면서 듣도록 하자. 그리고 「どう」의 공손체인 「いかが」로 나오는 경우도 있으므로, 이 표현도 함께 기억해 두어야 한다.

출제 유형	주의해야 될 요건	관련 어휘 & 표현
무엇 · 내용이나 방법	· 의문사로 묻는 경우 '예'나 '아니요'로 대답할 수 없다는 것을 꼭 기억해 둘 것 · 의문사형 질문은 위치상 뒤쪽에 의문사가 오는 경우가 많으므로 뒷부분을 중점적으로 들을 것 · 문제 문장의 시제에 주의하면서 들을 것 · 의문사 다음에 오는 조사에 주의할 것 · '무엇'을 묻는 의문사형 질문은 「何で(무엇으로)」와 「何で(왜, 어째서)」를 확실히 구분해 둘 것 · '내용이나 방법'을 묻는 의문사형 질문은 앞에 오는 명사에 주의할 것	· 何に 무엇에 · 何で 무엇으로 · 何か 뭔가 · 何が 무엇이 · 何を 무엇을 · どう 어떻게 · いかが 어떻게

※ 메모하면서 들어 보세요. 🖉　　　　　　　　　　　Track **3-05** 🎧

01 問
(A) _______________________

(B) _______________________

(C) _______________________

(D) _______________________

02 問
(A) _______________________

(B) _______________________

(C) _______________________

(D) _______________________

03 問
(A) _______________________

(B) _______________________

(C) _______________________

(D) _______________________

04 問
(A) _______________________

(B) _______________________

(C) _______________________

(D) _______________________

05 問
(A) _______________________

(B) _______________________

(C) _______________________

(D) _______________________

06 問
(A) _______________________

(B) _______________________

(C) _______________________

(D) _______________________

Unit 03　의문사형 질문 3 – 무엇·내용이나 방법

・何に　무엇으로

예　ご注文は何になさいますか。　주문은 무엇으로 하시겠어요?
　　え〜と、ホットコーヒーお願いします。　음〜, 뜨거운 커피 부탁해요.

・何で　무엇으로(수단이나 방법)

예　明日は何で行きましょうか。　내일은 무엇으로 갈까요?
　　バスより地下鉄の方がいいと思います。　버스보다 지하철이 좋다고 생각해요.

・何で　왜・어째서(이유)

예　さっき何で泣いたの。　조금 전에 왜 운 거야?
　　実はまた試験に落ちちゃったんだ。　실은 시험에 또 떨어져 버렸어.

・何を　무엇을・뭘

예　昼ご飯は何を食べましたか。　점심은 뭘 먹었나요?
　　久しぶりにカレーライスを食べました。　오랜만에 카레라이스를 먹었어요.

・何が　무엇이・뭐가

예　箱の中には何が入っていたの。　상자 안에는 뭐가 들어 있었어?
　　大きな人形が入っていたよ。　큰 인형이 들어 있었어.

・何から　무엇부터

예　何から始めましょうか。　무엇부터 시작할까요?
　　こちらの方が簡単そうに見えますから、これから　이쪽이 간단해 보이니까, 이것부터
　　始めましょう。　시작해요.

・どう　어떻게

예　お支払いはどうなさいますか。　지불은 어떻게 하시겠어요?
　　3回払いでお願いします。　3회 할부로 부탁해요.

・いかが　어떻게

예　体の調子はいかがですか。　몸 상태는 어떠신가요?
　　おかげ様で、大分よくなりました。　덕분에 상당히 좋아졌어요.

※ 메모하면서 들어 보세요.   Track **3-06** 🎧

01 問

(A) ________________________

____

(B) ________________________

____

(C) ________________________

____

(D) ________________________

____

02 問

(A) ________________________

____

(B) ________________________

____

(C) ________________________

____

(D) ________________________

____

03 問

(A) ________________________

____

(B) ________________________

____

(C) ________________________

____

(D) ________________________

____

04 問

(A) ________________________

____

(B) ________________________

____

(C) ________________________

____

(D) ________________________

____

05 問

(A) ________________________

____

(B) ________________________

____

(C) ________________________

____

(D) ________________________

____

06 問

(A) ________________________

____

(B) ________________________

____

(C) ________________________

____

(D) ________________________

____

의문사형 질문 4 - 정도·성질이나 상태

한눈에 들여다보기

정도 '정도'를 묻는 의문사형 질문은 「どのくらい(어느 정도)」로 제시되는 질문을 말하는데 의문사 다음에 등장하는 동사나 형용사 등에 의해 정답이 좌우된다. 따라서 무엇의 정도를 묻는지 그 대상을 정확하게 들을 필요가 있다. 지금까지의 기출 문제를 살펴보면 시간이나 거리, 가격이나 범위 등을 묻는 문제가 자주 출제되는데, 「どのくらい」 다음에는 대부분의 경우 「かかる(걸리다)」, 「待つ(기다리다)」, 「飲む(마시다)」 등의 동사가 오므로 자주 나오는 동사들은 세트로 함께 기억해 두도록 하자.

성질이나 상태 '성질이나 상태'를 묻는 의문사형 질문은 「どんな(어떤)」 다음에 나오는 명사로 정답을 가릴 수 있는 문제가 대부분이므로, 일단 「どんな」 다음에 나오는 명사에 주목해야 한다. 그리고 마지막 부분에 오는 동사나 형용사에 따라 정답이 달라지는 경우도 있으므로 끝까지 잘 들어야 실수가 없다. 예를 들어 「どんな飲み物が好きですか。(어떤 음료를 좋아하나요?)」라는 질문의 포인트는 「飲み物(음료)」와 「好きだ(좋아하다)」가 되므로 좋아하는 음료로 대답을 한 선택지가 정답이 될 것이다. 그리고 '성질이나 상태'를 나타내는 의문사형 질문은 문제에 등장하는 어휘로 연상이 가능한 것을 오답으로 종종 제시하므로, 일단 문제에 등장하는 어휘와 동일한 발음이나 연상이 가능한 어휘가 선택지에 등장하면 오답일 가능성이 높으므로 이런 선택지가 나오면 일단은 정답에서 제외시키도록 하자.

출제 유형	주의해야 될 요건	관련 어휘 & 표현
정도 · 성질이나 상태	· 의문사로 묻는 경우 '예'나 '아니요'로 대답할 수 없다는 것을 꼭 기억해 둘 것 · 의문사형 질문은 위치상 뒤쪽에 의문사가 오는 경우가 많으므로 뒷부분을 중점적으로 들을 것 · 문제 문장의 시제에 주의하면서 들을 것 · 의문사 다음에 오는 조사에 주의할 것 · '정도'를 묻는 의문사형 질문은 의문사 다음에 나오는 동사나 형용사를 잘 들을 것 · '성질이나 상태'를 묻는 의문사형 질문은 「どんな」 다음에 오는 명사에 주목하고 뒷부분의 동사나 형용사까지 잘 들을 것	· どのくらい 어느 정도 · かかる 걸리다 · 待つ 기다리다 · 泳ぐ 수영하다 · どんな 어떤

※ 메모하면서 들어 보세요. 🖊　　　　　　　　　　　Track **3-07** 🎧

01 問
(A)
(B)
(C)
(D)

02 問
(A)
(B)
(C)
(D)

03 問
(A)
(B)
(C)
(D)

04 問
(A)
(B)
(C)
(D)

05 問
(A)
(B)
(C)
(D)

06 問
(A)
(B)
(C)
(D)

Unit 04　의문사형 질문 4 – 정도·성질이나 상태

· **どのくらい** 어느 정도

예 このマンションの家賃はどのくらいですか。　이 맨션의 집세는 어느 정도인가요?

1カ月10万円です。　한 달에 10만 엔이에요.

· **かかる** 걸리다

예 家から会社まではどのくらいかかりますか。　집에서 회사까지는 어느 정도 걸리나요?

2時間くらいかかります。　2시간 정도 걸려요.

· **待つ** 기다리다

예 ここでどのくらい待ちましたか。　여기서 어느 정도 기다렸나요?

実は私も着いたばかりです。　실은 저도 막 도착했어요.

· **何人** 몇 명

예 教室には何人残っていましたか。　교실에는 몇 명 남아 있었습니까?

一人も残っていませんでした。　한 명도 남아 있지 않았습니다.

· **どんな歌** 어떤 노래

예 最近、どんな歌が人気がありますか。　최근 어떤 노래가 인기가 있나요?

音楽にはあまり興味がないので、私もよくわかりません。　음악에 그다지 흥미가 없어서 저도 잘 모르겠어요.

· **どんな町** 어떤 마을 · 어떤 동네

예 鈴木さんが住んでいる町はどんな町ですか。　스즈키 씨가 살고 있는 동네는 어떤 동네인가요?

近くに公園や森があってとても住みやすい町です。　근처에 공원이나 숲이 있어 아주 살기 편한 동네에요.

· **どんな所** 어떤 곳 · 어떤 장소

예 引っ越しをするなら、どんな所がいいですか。　이사를 한다면 어떤 곳이 좋나요?

そうですね。空気がきれいな所に住んでみたいです。　글쎄요. 공기가 깨끗한 곳에서 살아 보고 싶어요.

· **どんな趣味** 어떤 취미

예 渡辺君はどんな趣味を持っているの。　와타나베 군은 어떤 취미를 가지고 있어?

これといった趣味はないんだ。　이렇다 할 취미는 없어.

※ 메모하면서 들어 보세요. Track 3-08

01 問
(A) ________________________________
____
(B) ________________________________
____
(C) ________________________________
____
(D) ________________________________
____

02 問
(A) ________________________________
____
(B) ________________________________
____
(C) ________________________________
____
(D) ________________________________
____

03 問
(A) ________________________________
____
(B) ________________________________
____
(C) ________________________________
____
(D) ________________________________
____

04 問
(A) ________________________________
____
(B) ________________________________
____
(C) ________________________________
____
(D) ________________________________
____

05 問
(A) ________________________________
____
(B) ________________________________
____
(C) ________________________________
____
(D) ________________________________
____

06 問
(A) ________________________________
____
(B) ________________________________
____
(C) ________________________________
____
(D) ________________________________
____

'예·아니요'형 질문

'예·아니요'형 질문은 말 그대로 의문문 형태의 질문에 '예'나 '아니요'로 대답하는 의문문을 말한다. 이런 '예·아니요형' 질문에서 실수를 하지 않기 위해서는 우선 질문의 시제와 선택지의 시제가 일치하는지 따져 보아야 한다. 예를 들어 「明日のパーティーに行きますか。(내일 파티에 가나요?)」라는 질문에 대한 응답으로 「はい、行きました。(네, 갔었어요.)」나 「いいえ、行きませんでした。(아니요, 안 갔어요.)」처럼 시제를 바꿔서 선택지에 나오는 경우가 많으므로, 항상 시제에 주의하면서 듣도록 하자. 또 '예·아니요'형 질문은 부정문으로 물었을 경우에도 '예'나 '아니요'의 대답 방법이 달라지므로 주의를 요한다. 「昨日のパーティーには行きませんでしたか。(어제 파티는 안 갔나요?)」라는 질문에 대한 응답으로 만약 갔으면 「いいえ(아니요)」로 대답해야 하고 가지 않았으면 「はい(예)」로 대답을 해야 한다. 이처럼 부정문으로 묻는 경우에는 '예'나 '아니요'를 놓치면 오답을 고르기 쉬우므로 주의하도록 하자. 마지막으로 최근의 출제 경향을 보면 선택지에서 '예'나 '아니요'가 생략되어 나오는 경우도 있으므로 이런 경우에는 '예'나 '아니요'가 나오기를 기다리지 말고 선택지의 내용을 메모하면서 끝까지 잘 듣고 정답을 골라야 실수가 없다.

출제 유형	주의해야 될 요건	관련 어휘 & 표현
'예·아니요'형 질문	· 문제의 시제에 주의하면 들을 것 · 부정 의문문으로 물었을 경우에는 '예'나 '아니요'의 대답 방법에 주의할 것 · '예'나 '아니요'가 생략된 선택지로 나올 경우 내용을 메모하면서 끝까지 잘 듣고 정답을 고를 것	· 読む 읽다 · 飲む 마시다 · 行く 가다 · 来る 오다 · 聞く 듣다 · 知る 알다 · ご存じだ 알고 계시다

※ 메모하면서 들어 보세요. ✎   Track 3-09 🎧

01 問

(A) _______________________

____

(B) _______________________

____

(C) _______________________

____

(D) _______________________

____

02 問

(A) _______________________

____

(B) _______________________

____

(C) _______________________

____

(D) _______________________

____

03 問

(A) _______________________

____

(B) _______________________

____

(C) _______________________

____

(D) _______________________

____

04 問

(A) _______________________

____

(B) _______________________

____

(C) _______________________

____

(D) _______________________

____

05 問

(A) _______________________

____

(B) _______________________

____

(C) _______________________

____

(D) _______________________

____

06 問

(A) _______________________

____

(B) _______________________

____

(C) _______________________

____

(D) _______________________

____

Unit 05 '왜·아니요'형 질문

· 読む（よ）　읽다

> 鈴木さん、この小説、読んだことがありますか。　스즈키 씨, 이 소설 읽은 적이 있나요?
> はい、高校時代に読みました。　네, 고등학교 시절에 읽었어요.

· 飲む（の）　마시다

> コーヒーはもう飲みましたか。　커피는 벌써 마셨나요?
> はい、さっき飲んだばかりです。　네, 조금 전에 막 마셨어요.

· 行く（い）　가다

> 今度の旅行に山田君も行くの。　이번 여행에 야마다 군도 가니?
> いや、私はその日用事があって…。　아니, 나는 그날 볼일이 있어서…….

· 来る（く）　오다

> 明日の講演に中村さんも来ますか。　내일 강연에 나카무라 씨도 오나요?
> はい、たぶん参加すると思います。　네, 아마 참가할 거예요.

· 聞く（き）　듣다

> 二人が結婚するという噂、聞きましたか。　두 사람이 결혼한다는 소문 들었나요?
> いいえ、初耳ですが。　아니요, 처음 듣는 얘기인데요.

· 知る（し）　알다

> 誰が会議室を使ったか知っていますか。　누가 회의실을 사용했는지 알고 있나요?
> いいえ、鈴木さんが会議室から出るのは見ましたが。　아니요, 스즈키 씨가 회의실에서 나오는 건 봤습니다만.

· ご存じだ（ぞん）　알고 계시다

> 鈴木さんは渡辺先生をご存じですか。　스즈키 씨는 와타나베 선생님을 알고 계신가요?
> ええ、一度お目にかかったことがあります。　네, 한 번 만나뵌 적이 있어요.

· 使う（つか）　사용하다

> すみませんが、この辞書、今使いますか。　죄송한데요, 이 사전 지금 쓰나요?
> いいえ、どうぞ使ってください。　아니요, 쓰세요.

※ 메모하면서 들어 보세요.   Track 3-10

01 問
(A) ___________________________
____
(B) ___________________________
____
(C) ___________________________
____
(D) ___________________________
____

02 問
(A) ___________________________
____
(B) ___________________________
____
(C) ___________________________
____
(D) ___________________________
____

03 問
(A) ___________________________
____
(B) ___________________________
____
(C) ___________________________
____
(D) ___________________________
____

04 問
(A) ___________________________
____
(B) ___________________________
____
(C) ___________________________
____
(D) ___________________________
____

05 問
(A) ___________________________
____
(B) ___________________________
____
(C) ___________________________
____
(D) ___________________________
____

06 問
(A) ___________________________
____
(B) ___________________________
____
(C) ___________________________
____
(D) ___________________________
____

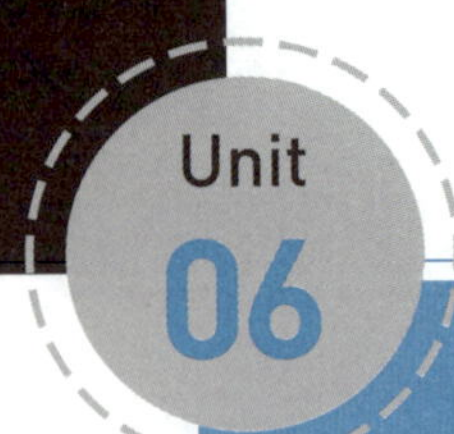

인사 표현

　인사 표현은 일본인이 일상생활에서 자주 사용하는 인사 표현에 대한 기본적인 이해를 묻는 문제로 출제 빈도는 낮은 편이지만 반드시 맞춰야 하는 유형이기도 하다. 실제 시험에서는 보통 25번에서 35번 사이에 출제되며 한 시험당 한 두 문제 정도가 출제되고 있다.

　인사 표현에서 자주 출제되는 유형으로는 만남과 작별, 감사와 사과, 축하 및 칭찬과 관련된 표현 등이 있다. 특히 시험에 가장 많이 출제된 감사와 사과에 관한 표현은 반드시 노트 등을 만들어 따로 정리해 두는 것이 좋다. 이 부분에서 주의를 요하는 것은 인사 표현이 존경어로 바뀌었을 때의 대답 방법이다. 평소에는 아주 익숙한 인사 표현이지만 만약 문제에 존경어로 나온다면 순간적으로 알아듣기 힘든 경우가 생기므로 각 인사 표현을 존경어로 바꾸어 말하는 연습도 필요하다.

　인사 표현은 절대 난이도가 높은 부분이 아니므로 평소에 인사 표현과 그 응답을 세트로 함께 암기해 둔다면 어렵지 않게 정답을 찾을 수 있는 문제가 대부분이다. 다만 최근에는 상투적인 표현보다는 다양한 형태의 응답으로 출제되는 경향이 있으므로 여러 가지 인사 표현에 대한 다양한 응답 방식에 익숙해질 필요가 있다.

출제 유형	주의해야 될 요건	관련 어휘 & 표현
인사 표현	· 기본적으로 서로 호응관계에 있는 인사 표현은 완벽하게 숙지할 것 · 가장 많이 출제된 감사와 사과 표현은 익숙해지도록 많은 예문을 접해 둘 것 · 자주 사용하는 인사 표현은 존경어로 바꾸는 연습을 충분히 해 둘 것	· ご免ください 계십니까? · ありがとうございます 감사합니다 · おめでとうございます 축하합니다 · 申し訳ありません 죄송합니다 · お出かけですか 외출하십니까

※ 메모하면서 들어 보세요. 　　　　　　　　　　　　　　Track 3-11 🎧

01 問
(A)＿＿＿＿＿＿＿＿＿＿＿＿＿
＿＿＿＿＿＿＿＿＿＿＿＿＿
(B)＿＿＿＿＿＿＿＿＿＿＿＿＿
＿＿＿＿＿＿＿＿＿＿＿＿＿
(C)＿＿＿＿＿＿＿＿＿＿＿＿＿
＿＿＿＿＿＿＿＿＿＿＿＿＿
(D)＿＿＿＿＿＿＿＿＿＿＿＿＿
＿＿＿＿＿＿＿＿＿＿＿＿＿

02 問
(A)＿＿＿＿＿＿＿＿＿＿＿＿＿
＿＿＿＿＿＿＿＿＿＿＿＿＿
(B)＿＿＿＿＿＿＿＿＿＿＿＿＿
＿＿＿＿＿＿＿＿＿＿＿＿＿
(C)＿＿＿＿＿＿＿＿＿＿＿＿＿
＿＿＿＿＿＿＿＿＿＿＿＿＿
(D)＿＿＿＿＿＿＿＿＿＿＿＿＿
＿＿＿＿＿＿＿＿＿＿＿＿＿

03 問
(A)＿＿＿＿＿＿＿＿＿＿＿＿＿
＿＿＿＿＿＿＿＿＿＿＿＿＿
(B)＿＿＿＿＿＿＿＿＿＿＿＿＿
＿＿＿＿＿＿＿＿＿＿＿＿＿
(C)＿＿＿＿＿＿＿＿＿＿＿＿＿
＿＿＿＿＿＿＿＿＿＿＿＿＿
(D)＿＿＿＿＿＿＿＿＿＿＿＿＿
＿＿＿＿＿＿＿＿＿＿＿＿＿

04 問
(A)＿＿＿＿＿＿＿＿＿＿＿＿＿
＿＿＿＿＿＿＿＿＿＿＿＿＿
(B)＿＿＿＿＿＿＿＿＿＿＿＿＿
＿＿＿＿＿＿＿＿＿＿＿＿＿
(C)＿＿＿＿＿＿＿＿＿＿＿＿＿
＿＿＿＿＿＿＿＿＿＿＿＿＿
(D)＿＿＿＿＿＿＿＿＿＿＿＿＿
＿＿＿＿＿＿＿＿＿＿＿＿＿

05 問
(A)＿＿＿＿＿＿＿＿＿＿＿＿＿
＿＿＿＿＿＿＿＿＿＿＿＿＿
(B)＿＿＿＿＿＿＿＿＿＿＿＿＿
＿＿＿＿＿＿＿＿＿＿＿＿＿
(C)＿＿＿＿＿＿＿＿＿＿＿＿＿
＿＿＿＿＿＿＿＿＿＿＿＿＿
(D)＿＿＿＿＿＿＿＿＿＿＿＿＿
＿＿＿＿＿＿＿＿＿＿＿＿＿

06 問
(A)＿＿＿＿＿＿＿＿＿＿＿＿＿
＿＿＿＿＿＿＿＿＿＿＿＿＿
(B)＿＿＿＿＿＿＿＿＿＿＿＿＿
＿＿＿＿＿＿＿＿＿＿＿＿＿
(C)＿＿＿＿＿＿＿＿＿＿＿＿＿
＿＿＿＿＿＿＿＿＿＿＿＿＿
(D)＿＿＿＿＿＿＿＿＿＿＿＿＿
＿＿＿＿＿＿＿＿＿＿＿＿＿

Unit 06　인사 표현

· ただいま 다녀왔어요

예 ただいま。 다녀왔어요.

お帰りなさい。 어서 와.

· いただきます 잘 먹겠습니다

예 冷めないうちに、召し上がってください。 식기 전에 드세요.

それでは、いただきます。 그럼, 잘 먹겠습니다.

· ご免ください 실례합니다 (방문할 때의 인사 표현)

예 ご免ください。 실례합니다.

はい、どちら様ですか。 네, 누구시죠?

· ご馳走様でした 잘 먹었어요

예 本当にご馳走様でした。 정말로 잘 먹었어요.

いいえ、お粗末様でした。 아니요, 제대로 대접도 못했는걸요.

· お上がりください 들어오세요

예 どうぞ、お上がりください。 어서 들어오세요.

それでは、お邪魔します。 그럼, 실례하겠습니다.

· そろそろ失礼します 슬슬 실례할게요

예 そろそろ失礼します。 슬슬 실례할게요.

もう少しゆっくりなさってください。 좀 더 느긋하게 쉬세요.

· お世話になりました 신세를 졌어요

예 色々とお世話になりました。 여러 가지로 신세를 졌어요.

いいえ、こちらこそ。 아니요, 저야말로.

· ご迷惑をおかけしてしまいました 폐를 끼치고 말았네요

예 この度は本当にご迷惑をおかけしてしまいました。 이번에 정말로 폐를 끼치고 말았네요.

いいえ、気になさらないでください。 아니요, 신경 쓰지 마세요.

- **お出かけですか** 외출하세요?

  예 お出かけですか。　　　　　　　　　　외출하세요?

  ええ、ちょっとそこまで。　　　　　네, 잠깐 근처예요.

- **お疲れ様でした** 수고하셨어요

  예 それでは、お先に失礼します。　　그럼, 먼저 실례할게요.

  お疲れ様でした。　　　　　　　　　수고하셨어요.

- **おめでとうございます** 축하드려요

  예 合格、おめでとうございます。　　합격, 축하드려요.

  ありがとうございます。　　　　　　감사해요.

- **顔色が悪いですよ** 안색이 안 좋아요

  예 どうしたんですか。顔色が悪いですよ。　어떻게 된 거죠? 안색이 안 좋아요.

  実は最近仕事が多くて…。　　　　　실은 최근에 일이 많아서…….

- **申し分ないですね** 나무랄 데가 없군요

  예 申し分ないですね。　　　　　　　나무랄 데가 없군요.

  そうですか。ありがとうございます。　그래요? 감사해요.

- **買い被りです** 과찬이에요

  예 本当に英語がお上手ですね。　　　정말로 영어를 잘하시네요.

  いいえ、買い被りですよ。　　　　　아니요, 과찬이에요.

- **つまらないものですが** 변변찮은 것입니다만

  예 これ、本当につまらないものですが。　이거 정말 변변찮은 겁니다만.

  いつもいただいてばかりいてすみませんね。　항상 받기만 해서 죄송하네요.

- **そろそろお暇します** 슬슬 돌아갈게요

  예 そろそろお暇します。　　　　　　슬슬 돌아갈게요.

  まだ、いいじゃないですか。　　　　아직 괜찮지 않아요?

・ご愁傷様です　삼가 조의를 표합니다

예　ご愁傷様です。　삼가 조의를 표합니다.

お気遣いありがとうございます。　신경 써 주셔서 감사합니다.

・うまくいっていますか　잘 되시나요?

예　仕事の方はうまくいっていますか。　일은 잘 되시나요?

おかげ様で、順調に進んでおります。　덕분에 순조롭게 진행되고 있어요.

・どうしたんですか　어떻게 된 거죠?

예　どうしたんですか。朝から溜め息ばかりついて。　어떻게 된 거죠? 아침부터 한숨만 쉬고.

実は息子が大学入試に落ちてしまったんです。　실은 아들이 대학입시에 떨어져 버렸어요.

・お変わりありませんか　별고 없으신가요?

예　お久しぶりです。お変わりありませんか。　오랜만이네요. 별고 없으신가요?

はい、おかげ様で元気にしております。　네, 덕분에 건강하게 지내고 있어요.

・思いも寄りませんでした　생각지도 못했어요

예　思いも寄りませんでした。ありがとうございます。　생각지도 못했어요. 감사해요.

いいえ、どういたしまして。　아니요, 천만에요.

・何とお詫びしてよいかわかりません　뭐라 사과를 드려야 좋을지 모르겠어요

예　この度は何とお詫びしてよいかわかりません。　이번에는 뭐라 사과를 드려야 좋을지 모르겠어요.

もう過ぎたことだから、気になさらないでください。　이미 지난 일이니까, 신경 쓰지 마세요.

・感謝しております　감사했어요

예　親切に教えていただき、感謝しております。　친절하게 가르쳐 주셔서 감사했어요.

いいえ、礼には及びません。　아니요, 감사할 것까지는 없어요.

・そんなつもりじゃなかったんです　그럴 생각은 아니었어요

예　そんなつもりじゃなかったんです。　그럴 생각은 아니었어요.

いいんですよ。誰でも間違いはするものですから。　괜찮아요. 누구라도 실수는 하는 법이니까요.

※ 메모하면서 들어 보세요.　　　　　　　　　　　　　　　　Track 3-12

01 問
(A) ______________________
____
(B) ______________________
(C) ______________________
____
(D) ______________________
____

02 問
(A) ______________________
____
(B) ______________________
____
(C) ______________________
____
(D) ______________________

03 問
(A) ______________________
____
(B) ______________________
____
(C) ______________________
____
(D) ______________________
____

04 問
(A) ______________________
(B) ______________________
(C) ______________________
____
(D) ______________________

05 問
(A) ______________________
(B) ______________________
(C) ______________________
____
(D) ______________________
____

06 問
(A) ______________________
____
(B) ______________________
____
(C) ______________________
____
(D) ______________________
____

정해진 문구

PART 2 질의 응답에서 약 20퍼센트 정도를 차지하는 부분인 정해진 문구는 평소에 다양한 대답 방법을 공부해 두어야 고득점을 받을 수 있는 부분이다. 자주 출제 유형으로는 권유, 추측 및 전문(伝聞), 부탁 및 의뢰, 감동 및 의견, 과거의 경험 등이 있다.

권유
「～ませんか(～하지 않을래요?)」나「～ましょうか(～할까요?)」,「～はいかがですか(～는 어때요?)」등의 형태로 제시되는 권유 표현은 지금까지의 출제 경향을 보면 부정적인 응답보다는 긍정적인 응답이 정답인 경우가 많았으므로, 들을 때는 일단 긍정적인 응답을 잘 듣도록 하자. 그리고 권유에 대한 부정으로는 구체적으로 부정하는 경우보다는「それはちょっと…。(그건 좀……)」이나「ここではちょっと…。(여기에서는 좀……)」처럼 말끝을 흐리는 형태로 출제되는 경우가 많다는 것도 함께 기억해 두도록 하자.

추측 및 전문(伝聞)
추량을 나타내는 조동사「そうだ」,「ようだ」,「らしい」,「みたいだ」로 제시되는 추측 및 전문을 나타내는 표현은 문제에 등장한 어휘로 유추가 가능한 선택지가 반드시 오답으로 등장하므로 이런 유형을 꼭 기억해 두어야 한다. 예를 들어「午後から雨が降るそうよ。(오후부터 비가 내린대.)」라는 문제 문장에 대한 오답으로「もう止んだね。(벌써 그쳤네.)」라든지「じゃ、傘は要らないね。(그럼, 우산은 필요 없겠군.)」등의 오답이 등장하므로 문제의 포인트를 정확하게 파악하는 연습을 해 두어야 한다.

부탁 및 의뢰
「～てもいいですか(～해도 되나요?)」나「～てもかまいませんか(～해도 상관이 없나요?)」,「～てほしい(～해 주었으면 한다)」로 제시되는 부탁 및 의뢰 표현은 권유 표현과 마찬가지로 부정적인 응답보다는 긍정적인 응답으로 나오는 경우가 많다는 것을 기억해 두어야 한다.

감동 및 의견
종조사「～ね」나「～よ」로 끝나는 감동 및 의견을 나타내는 표현은 일단 화제가 무엇인지를 정확하게 파악해야 하고, 그 화제에 대한 듣는 사람의 의견이 논리적으로 타당한지 아닌지를 잘 판단한 후에 정답을 골라야 실수가 없다.

출제 유형	주의해야 될 요건	관련 어휘 & 표현
정해진 문구	· 기본적으로 자주 출제되는 정해진 문구는 완벽하게 암기해 둘 것 · 문제 질문의 의도를 정확하게 파악할 것 · 문제 질문에 따른 다양한 긍정 및 부정 표현을 연습 해 둘 것 · 권유와 부탁 및 의뢰 표현은 긍정적인 응답이 정답인 경우가 많다는 것을 기억해 둘 것 · 문제 질문에 따른 맞장구 및 확답을 회피하는 표현도 함께 연습해 둘 것	· ～ませんか　～하지 않을래요? · ～ましょうか　～할까요? · ～てもいいですか ～해도 되나요? · ～てもかまいませんか 　~해도 상관이 없나요? · ～そうだ　～라고 한다 · ～ですね ～군요 · 동사 た형＋ことがある　～한 적이 있다

※ 메모하면서 들어 보세요. Track 3-13

01 問
(A) ________________________
____
(B) ________________________
____
(C) ________________________
____
(D) ________________________
____

02 問
(A) ________________________
____
(B) ________________________
____
(C) ________________________
____
(D) ________________________
____

03 問
(A) ________________________
____
(B) ________________________
____
(C) ________________________
____
(D) ________________________
____

04 問
(A) ________________________
____
(B) ________________________
____
(C) ________________________
____
(D) ________________________
____

05 問
(A) ________________________
____
(B) ________________________
____
(C) ________________________
____
(D) ________________________
____

06 問
(A) ________________________
____
(B) ________________________
____
(C) ________________________
____
(D) ________________________
____

Unit 07 정해진 문구

· ～ませんか ～하지 않을래요?

예 明日一緒に映画でも見ませんか。 　내일 함께 영화라도 보지 않을래요?

ええ、いいですね。 　네, 좋아요.

· ～ましょうか ～할까요?

예 この辺でちょっと休みましょうか。 　이쯤에서 잠깐 쉴까요?

ええ、そうしましょう。 　네, 그렇게 해요.

· ～ことにする ～하기로 하다

예 来年、留学することにしました。 　내년에 유학하기로 했어요.

そうですか。頑張ってください。 　그래요? 열심히 하세요.

· ～ことになっている ～하기로 되어 있다

예 来週、引っ越すことになっているんです。 　다음 주 이사할 예정이에요.

そうですか。もう荷造りは終わりましたか。 　그래요? 벌써 짐은 다 쌌나요?

· ～ておく ～해 두다

예 これを3部ずつコピーして机の上に置いておいてください。 　이걸 세 부씩 복사해서 책상 위에 두세요.

はい、かしこまりました。 　네, 알겠어요.

· ～てもいいですか ～해도 되나요?

예 すみませんが、ここでたばこを吸ってもいいですか。 　죄송한데, 여기서 담배를 피워도 되나요?

はい、どうぞ。 　네, 그렇게 하세요.

· ～てもかまいませんか ～해도 상관이 없나요?

예 ここでお弁当を食べてもかまいませんか。 　여기서 도시락을 먹어도 상관이 없나요?

ここではちょっと…。 　여기서는 좀…….

· ～ていただけますか ～해 주실 수 있나요?

예 鈴木さん、明日の送別会に来ていただけますか。 　스즈키 씨, 내일 송별회에 와 주실 수 있나요?

勿論、行かせていただきます。 　물론 갈게요.

- **동사 た형 + ことがある** ~한 적이 있다

예 鈴木さんは外国へ行ったことがありますか。　　스즈키 씨는 외국에 간 적이 있나요?

　いいえ、まだ一度もありません。　　아니요, 아직 한 번도 없어요.

- **형용사 어간 + そうだ** ~일 것 같다

예 このグラス、丈夫そうですね。　　이 컵, 튼튼할 것 같네요.

　はい、割れにくいですよ。　　네, 잘 깨지지 않아요.

- **기본형 + そうだ** ~라고 한다

예 天気予報によると、明日から寒くなるそうですね。　　일기예보에 의하면 내일부터 추워진대요.

　ええ、風邪を引かないように気を付けないと。　　네, 감기 걸리지 않도록 주의해야겠네요.

- **~だって** ~라고 해

예 最近、この携帯がよく売れているんだって。　　요즘 이 휴대전화가 잘 팔린대.

　値段のわりに機能がいいからなあ。　　가격에 비해서 기능이 좋으니까.

- **~ように** ~처럼

예 彼、まるで死んだように寝てるね。　　그 사람, 마치 죽은 것처럼 자고 있네.

　最近、残業が多いそうよ。　　요즘 잔업이 많대.

- **~みたいだ** ~인 것 같다

예 どうしよう。財布を取られちゃったみたい。　　어떻게 하지? 지갑을 도둑맞은 것 같아.

　本当に? 早く交番に届けた方がいいよ。　　정말? 빨리 파출소에 신고하는 게 좋겠어.

- **~らしい** ~인 것 같다, ~라고 한다

예 あの工事で、近所に住んでいる人の苦情がすごいらしいよ。　　저 공사로 근처에 사는 사람들의 불만이 굉장하대.

　毎日大きな騒音を出しているから、無理もないよ。　　매일 큰 소음을 내고 있으니까, 무리도 아니지.

- **~てほしい** ~해 주었으면 한다

예 このスカートの丈を直してほしいんですが。　　이 치마 길이를 수선해 줬으면 하는데요.

　1週間ほどかかりますが、よろしいでしょうか。　　일주일 정도 걸리는데 괜찮으시겠어요?

・〜ですね 〜군요, 〜네요

예 このソファー、素敵ですね。　　　　이 소파, 멋지네요.

えぇ、とても座りやすいんですよ。　　네, 아주 앉기 편해요.

・〜はずがない 〜일 리가 없다

예 彼がこんなに絵が上手なはずがないわ。　그가 이렇게 그림을 잘 그릴 리가 없어.

うん、やっぱり彼の絵じゃないよね。　　응, 역시 그의 그림이 아니야.

・〜んじゃない 〜인 것 아냐?

예 彼、ちょっとスマートになったんじゃない?　그 사람, 조금 날씬해진 것 아냐?

最近、毎日運動しているんだって。　　　요즘 매일 운동하고 있대.

・〜てください 〜해 주세요

예 すみません。あの交差点の前で止めてください。　죄송한데요. 저 교차로 앞에서 세워 주세요.

はい、かしこまりました。　　　　　　　네, 알겠어요.

・〜てもらえませんか 〜해 줄 수 없나요?

예 この商品、来週の月曜日まで届けてもらえませんか。　이 상품, 다음 주 월요일까지 배달해 줄 수 없나요?

申し訳ありませんが、注文が多くて月曜日まではちょっと…。　죄송한데요, 주문이 많아서 월요일까지는 좀…….

・〜てくださいませんか 〜해 주시지 않겠어요?

예 すみませんが、辞書を貸してくださいませんか。　죄송한데, 사전을 빌려 주시지 않겠어요?

あいにく、今日持って来なかったんですけど。　공교롭게도 오늘 가져오지 않았는데요.

・〜はいかがですか 〜은/는 어때요?

예 入学祝いなら万年筆なんかはいかがですか。　입학 축하 선물이라면 만년필같은 건 어때요?

それはいいですね。　　　　　　　　　　그거 좋네요.

・〜てはいけない 〜해서는 안 된다

예 ここは土足で中に入ってはいけないよ。　여기는 신을 신은 채로 들어가서는 안 돼.

あっ、ご免。知らなかったなあ。　　　　앗, 미안. 몰랐어.

※ 메모하면서 들어 보세요.　Track 3-14

01 問
(A) ______________________
____
(B) ______________________
____
(C) ______________________
____
(D) ______________________
____

02 問
(A) ______________________
____
(B) ______________________
____
(C) ______________________
____
(D) ______________________
____

03 問
(A) ______________________
____
(B) ______________________
____
(C) ______________________
____
(D) ______________________
____

04 問
(A) ______________________
____
(B) ______________________
____
(C) ______________________
____
(D) ______________________
____

05 問
(A) ______________________
____
(B) ______________________
____
(C) ______________________
____
(D) ______________________
____

06 問
(A) ______________________
____
(B) ______________________
____
(C) ______________________
____
(D) ______________________
____

Unit 07　정해진 문구

일상생활

　PART 2 질의 응답에서 가장 많은 비중인 약 40퍼센트를 차지하는 부분이 일상생활 표현이다. 자주 사용하는 동사 표현부터 속담 및 관용 표현에 이르기까지 상당히 광범위하게 출제되고 있는 만큼 많은 공부가 필요한 부분이기도 하다.

　일상생활 관련 문제는 일본인들이 일상생활에서 접할 수 있는 상황이나 장면에 대한 이해를 묻는 문제인데, 앞의 정해진 문구에서도 많이 다루었던 권유나 의뢰 등의 표현과 정보의 전달이나 확인을 묻는 문제가 주로 출제되고 있다.

　다만 PART 2의 다른 유형들과는 달리 일상생활 관련 문제들은 대부분이 동사에서 정답이 결정되는 경우가 많으므로, 평소에 자주 사용하는 동사들을 중심으로 다양한 의미를 익혀 두어야 한다. 예를 들어「上がる」라는 동사의 겨우 '올라가다'라는 의미가 기본적인 의미이지만, 일상생활에서는 '무대 따위에서 얻다, 긴장하다'라는 의미로도 사용된다. 또「行ける」라고 하면 단순히 '갈 수 있다'로 해석하기 쉬운데, 일상생활에서는 '먹을 만하다'라는 의미로도 쓰인다. 마지막으로 일상생활 표현은 상대방과 동등한 관계이거나 자기보다 아랫사람과의 대화로 나오는 경우가 많으므로 격식 없는 말투인 반말투나 축약 표현이 자주 등장한다. 따라서 평소에 이런 반말투 표현에 익숙해지지 않으면 순간적으로 알아듣기가 상당히 난해하므로 이 부분에 대한 공부도 필요하다.

출제 유형	주의해야 될 요건	관련 어휘 & 표현
일상생활	· 자주 출제되는 권유나 의뢰 등의 표현과 함께 정보의 전달이나 확인을 나타내는 표현 위주로 공부해 둘 것 · 기본적인 의미 이외에 일상생활에서 다른 의미로 사용되는 동사를 많이 암기해 둘 것 · 평소에 익숙하지 않은 반말투 표현이나 축약 표현에 주의할 것 · 기타 일상생활에서 자주 사용되는 속담 및 관용 표현도 평소에 꾸준히 공부해 둘 것	· お勘定（かんじょう） 계산서 · 顔色（かおいろ） 안색 · 伝言（でんごん） 전언 · 禁煙（きんえん） 금연 · 詳（くわ）しい 상세하다 · 冷（さ）める 식다 · 待（ま）たせる 기다리게 하다 · 体（からだ）の調子（ちょうし） 몸 상태

※ 메모하면서 들어 보세요. 　　　　　　　　　　　　Track 3-15

01 問
(A) ___________________________________
____
(B) ___________________________________
____
(C) ___________________________________
____
(D) ___________________________________
____

02 問
(A) ___________________________________
____
(B) ___________________________________
____
(C) ___________________________________
____
(D) ___________________________________
____

03 問
(A) ___________________________________
____
(B) ___________________________________
____
(C) ___________________________________
____
(D) ___________________________________
____

04 問
(A) ___________________________________
____
(B) ___________________________________
____
(C) ___________________________________
____
(D) ___________________________________
____

05 問
(A) ___________________________________
____
(B) ___________________________________
____
(C) ___________________________________
____
(D) ___________________________________
____

06 問
(A) ___________________________________
____
(B) ___________________________________
____
(C) ___________________________________
____
(D) ___________________________________
____

- **待たせる** 기다리게 하다

  예 大変お待たせしてしまって申し訳ありません。　너무 기다리게 해서 죄송해요.

  いいえ、私も今来たところです。　아니요, 저도 지금 막 왔어요.

- **崩す** 잔돈으로 바꾸다

  예 すみませんが、これ崩していただけますか。　죄송한데요, 이거 잔돈으로 바꿔 주실 수 있나요?

  はい、千円札10枚でよろしいですか。　네, 천 엔 지폐 10장이면 되나요?

- **家賃** 집세

  예 このアパート、見晴らしがいいわね。　이 아파트, 전망이 좋네.

  そうだろう。それに家賃もけっこう安いよ。　그렇지? 게다가 집세도 꽤 싸.

- **召し上がる** 드시다

  예 どうぞ遠慮せずに召し上がってください。　어서 사양하지 말고 드세요.

  それでは、遠慮なくいただきます。　그럼, 사양하지 않고 잘 먹을게요.

- **顔色** 안색

  예 どうしたんですか。顔色がよくないですね。　무슨 일 있어요? 안색이 안 좋네요.

  どうも風邪を引いてしまったみたいです。　아무래도 감기에 걸려 버린 것 같아요.

- **伝言** 전언 · 전하는 말

  예 それでは、伝言をお願いしたいのですが。　그럼, 전언을 해 주셨으면 하는데요.

  はい、かしこまりました。　네, 알겠어요.

- **口に合う** 입맛에 맞다

  예 お口に合わないかもしれませんが、どうぞ召し上がってください。　입맛에 맞지 않을지도 모르겠지만, 어서 드세요.

  では、いただきます。　그럼, 잘 먹을게요.

- **日帰り** 당일치기

  예 山田さん、今度の旅行は日帰りですか。　야마다 씨, 이번 여행은 당일치기인가요?

  いいえ、一泊二日の予定です。　아니요, 1박2일 예정이에요.

118

・漏らす　누설하다

예　あの人、誰にでも秘密を漏らしちゃうんだから…。

저 사람, 아무에게도 비밀을 누설해 버리니까…….

そうなの? 僕も気を付けなきゃ。

그래? 나도 조심해야겠군.

・冷房　냉방

예　この部屋、冷房の効きすぎじゃないの。

이방, 냉방이 너무 센 거 아냐?

そうかな。僕はちょうどいいけど。

그런가? 나는 딱 좋은데.

・暖房　난방

예　この部屋、ちょっと寒いと思わない?

이방, 조금 춥다고 생각하지 않아?

じゃ、暖房を付けようか。

그럼, 난방을 켤까?

・生意気だ　건방지다

예　あの人、本当に生意気で頭に来るわ。

저 사람, 정말 건방져서 화가 나.

うん、本当にあの態度は僕も気に入らないよ。

응, 정말로 저 태도는 나도 마음에 안 들어.

・手を焼く　애를 먹다

예　息子さん、元気でいいですね。

아드님, 활달해서 좋네요.

ええ、でも腕白で手を焼いているんですよ。

네, 하지만 개구쟁이라서 애 먹고 있어요.

・人見知りが激しい　낯가림이 심하다

예　うちの子、人見知りが激しくて困っちゃいますよ。

우리 애, 낯가림이 심해서 큰일이에요.

友達ができれば大丈夫ですよ。

친구가 생기면 괜찮을 거예요.

・押し切る　무릅쓰다

예　彼、両親の反対を押し切って結婚したそうですね。

그, 부모님의 반대를 무릅쓰고 결혼했대요.

ええ、今は大変でもぜひ幸せになってほしいですね。

네, 지금은 힘들겠지만 꼭 행복했으면 좋겠어요.

・運ぶ　옮기다, 운반하다

예　すみませんが、この机、2階まで運んでもらえますか。

죄송한데요, 이 책상을 2층까지 옮겨 주실 수 있을까요?

いいですよ。

좋아요.

・燃えるごみ 불에 타는 쓰레기

예 燃えるごみはいつ出せばいいですか。

　　ここでは月水に出しております。

불에 타는 쓰레기는 언제 버리면 되나요?

여기서는 월요일과 수요일에 버려요.

・気に入る 마음에 들다

예 この服、デザインは気に入ってるんだけど…。

　　うん、色がちょっと気に入らないなあ。

이옷, 디자인은 마음에 드는데…….

응, 색이 조금 마음에 안 드는군.

・お腹が空く 배가 고프다

예 私、お腹が空いたわ。

　　もうこんな時間か。そろそろ昼ご飯にしようか。

나, 배고파.

벌써 시간이 이렇게 됐나? 슬슬 점심 먹을까?

・間に合う 시간에 맞추다

예 今出発しても間に合うかしら。

　　試合開始までは1時間もあるから、大丈夫だと思うよ。

지금 출발해도 시간에 맞출 수 있을까?

시합 시작까지는 1시간이나 있으니까, 괜찮을 거야.

・体調 몸 상태・컨디션

예 最近、どうも体調がよくないわ。

　　働きすぎじゃないの。

요즘 아무래도 몸 상태가 좋지 않아.

너무 일을 많이 하는 거 아냐?

・目がない 아주 좋아하다

예 私は甘い物には目がないわ。

　　そう? じゃ、ケーキは週に何回くらい食べるの。

나는 단 음식을 너무 좋아해.

그래? 그럼, 케이크는 일주일에 몇 번 정도 먹어?

・似合う 어울리다

예 この服、私に似合うかしら。

　　うん、君にぴったりだね。

이옷, 나한테 어울릴까?

응, 당신한테 딱이야.

・詳しい 상세하다・잘 알고 있다

예 彼は本当に法律に詳しいですね。

　　ええ、語学専攻なのにすごいですね。

그는 정말로 법률에 대해 잘 알고 있네요.

네, 어학 전공인데도 굉장하네요.

120

※ 메모하면서 들어 보세요. 🖊   Track 3-16 🎧

01 問
(A) _______________________
____
(B) _______________________
____
(C) _______________________
____
(D) _______________________
____

02 問
(A) _______________________
____
(B) _______________________
____
(C) _______________________
____
(D) _______________________
____

03 問
(A) _______________________
____
(B) _______________________
____
(C) _______________________
____
(D) _______________________
____

04 問
(A) _______________________
____
(B) _______________________
____
(C) _______________________
____
(D) _______________________
____

05 問
(A) _______________________
____
(B) _______________________
____
(C) _______________________
____
(D) _______________________
____

06 問
(A) _______________________
____
(B) _______________________
____
(C) _______________________
____
(D) _______________________
____

업무 및 비즈니스

　PART 2 질의 응답에서 약 10퍼센트를 차지하는 부분이 업무 및 비즈니스 관련 문제이다. 비중은 낮은 편이지만 난이도 면에서는 가장 높은 부분이므로 고득점을 위해서는 이 부분에 대한 철저한 준비가 필요하다.

　업무 및 비즈니스 관련 문제는 일반 회사의 업무 상황이나 표현을 얼마나 잘 이해하고 있는지를 묻는 문제로 PART 2에서 가장 까다로운 부분이다. 우선 시간적으로 보면 앞부분에 출제되는 의문사형 질문이나 정해진 문구의 경우, 문제부터 선택지 (D)까지의 시간은 평균 15초 내외지만, 업무 및 비즈니스 관련 문제의 경우 평균 시간이 30초 가까이나 된다. 그만큼 문장 자체도 길고 선택지도 길다는 얘기가 된다. 게다가 어휘도 평소에 들어 보기 힘든 비즈니스 용어를 많이 숙지하고 있어야만 이해할 수 있는 문제가 대부분이므로 이 부분에 대한 공부가 필요하다. 또한, 말투 자체가 반말투보다는 존경어나 겸양어 등 경어를 사용한 표현이 많으므로 경어에 대한 이해도 필요하다.

　업무 및 비즈니스 관련 문제는 일단 관련 어휘부터 확실하게 정리해 두어야 한다. 어휘를 알아듣지 못하고서는 문제를 풀 수 없으므로 어휘 정리는 기본이다. 다음으로 경어에 대한 공부가 필수적이다. 위에서도 언급했지만 대부분의 문장 자체가 경어를 사용한 표현들이므로 반말투나「です」,「ます」식의 표현만으로는 알아듣는 데 분명히 한계가 있다. 마지막으로 자주 출제되는 문제 형식에 익숙해져야 한다. 업무 및 비즈니스 문제에서 자주 출제되는 유형으로는 후회나 유감, 호의를 베푸는 표현, 완곡하게 거절하는 표현, 정보의 전달, 업무의 진척 정도를 묻는 표현 등이 출제되는데 평소에 이런 표현들을 중심으로 공부를 해 두도록 하자. 마지막으로 비즈니스 관련 관용 표현도 상당히 비중 있게 출제되므로, 비즈니스에서 사용할 만한 관용 표현도 함께 정리해 두도록 하자.

출제 유형	주의해야 될 요건	관련 어휘 & 표현
업무 및 비즈니스	・자주 출제되는 업무 및 비즈니스 어휘를 완벽하게 숙지해 둘 것 ・실제 시험에서는 대부분의 문장이 경어 표현으로 나오므로 경어에 대한 공부를 확실히 해 둘 것 ・자주 출제되는 문제 형식에 익숙해지도록 평소에 많은 연습을 해 둘 것 ・기타 비즈니스 상황에서 자주 출제되는 관용 표현을 숙지해 둘 것	・呑む 받아들이다 ・断る 거절하다 ・取り付ける 성사시키다 ・目を通す 대충 훑어보다 ・火の車 경제적으로 어려운 상태

※ 메모하면서 들어 보세요.   Track 3-17

01 問
(A) ___________________________

(B) ___________________________

(C) ___________________________

(D) ___________________________

02 問
(A) ___________________________

(B) ___________________________

(C) ___________________________

(D) ___________________________

03 問
(A) ___________________________

(B) ___________________________

(C) ___________________________

(D) ___________________________

04 問
(A) ___________________________

(B) ___________________________

(C) ___________________________

(D) ___________________________

05 問
(A) ___________________________

(B) ___________________________

(C) ___________________________

(D) ___________________________

06 問
(A) ___________________________

(B) ___________________________

(C) ___________________________

(D) ___________________________

Unit 09 업무 및 비즈니스

・取り付ける　성사시키다

예 やっと契約を取り付けたわ。

おめでとう。苦労した甲斐があったね。

겨우 계약을 성사시켰어.

축하해. 고생한 보람이 있었네.

・倒れる　쓰러지다

예 山田部長、とうとう倒れてしまったそうですよ。

本当に? 1カ月も残業続きでしたから、無理もありませんよ。

야마다 부장님, 결국 쓰러졌대요.

정말요? 한 달이나 잔업을 계속했으니 무리도 아니죠.

・待ち合わせ　시일이나 장소를 정해 놓고 상대를 기다림

예 待ち合わせの時間までまだ余裕がありますね。

そうですね。どこかでお茶でも飲みましょうか。

약속 시간까지 아직 여유가 있네요.

그러네요. 어딘가에서 차라도 마실까요?

・売れ行き　팔림새

예 新製品の売れ行きはどうですか。

おかげ様で、今のところ順調です。

신제품의 팔림새는 어때요?

덕분에 현재로선 순조로워요.

・出社　출근

예 明日は一度出社するんでしょ。

いいえ、現場に直行する予定ですが。

내일은 일단 회사에 출근하죠?

아니요, 현장으로 바로 갈 예정입니다만.

・呑む　받아들이다 · 수용하다

예 やっとうちの条件を呑んでくれました。

やりましたね。本当にお疲れ様でした。

겨우 우리의 조건을 받아들여 주었어요.

해냈군요. 정말로 수고하셨어요.

・断る　거절하다

예 例の件、山田君に頼んだけど、あっさり断られてしまったよ。

本当? 彼なら引き受けると思ったのに。

예의 건, 야마다 군에게 부탁했더니 딱 잘라 거절당해 버렸어.

정말? 그러면 받아 줄거라 생각했는데.

・左遷　좌천

예 部長が左遷されるっていう噂、聞きましたか。

えっ、本当ですか。初耳ですけど。

부장님이 좌천된다는 소문, 들었어요?

네? 정말인가요? 처음 듣는 얘기인데요.

・ 向く　어울리다・적합하다

예　この仕事、私には全然向いてないみたい。　　이 일, 나에게는 전혀 안 맞는 것 같아.

　　そう言わずに、もうちょっと頑張ってみてよ。　그런 말 하지 말고 좀 더 분발해 봐.

・ 取り止める　중지하다

예　新製品の販売、取りやめになったそうですね。　신제품 판매, 중지되었다고 하더군요.

　　急に販売を取りやめるなんて、何か問題でもあったんですか。　갑자기 판매를 중지하다니, 뭔가 문제라도 있었나요?

・ 御社　귀사

예　それでは、明日御社でお会いしましょう。　그럼, 내일 귀사에서 만나도록 하죠.

　　はい、かしこまりました。　네, 알겠어요.

・ 売上高　매상고

예　新製品の売上高が大分伸びました。　신제품 매상고가 상당히 늘었어요.

　　それはおめでとうございます。頑張った甲斐がありましたね。　정말 축하드려요. 노력한 보람이 있었네요.

・ つぶれる　망하다・도산하다

예　結局、あの会社、つぶれてしまいましたね。　결국 저 회사, 도산하고 말았네요.

　　ええ、非常に残念なことですね。　네, 대단히 유감스러운 일이네요.

・ 火の車　경제적으로 아주 어려움

예　資金不足で経営が火の車だわ。　자금 부족으로 경영이 아주 힘들어.

　　金融機関の貸し渋りのせいで、うちも大変だよ。　금융기관의 대출 기피 탓에 우리도 힘들어.

・ 転勤　전근

예　東京への転勤が決まったそうですね。　도쿄로의 전근이 결정되었다고 하더군요.

　　はい、それで来週引っ越すことになりました。　네, 그래서 다음 주 이사하게 되었어요.

・ 赤字　적자

예　この会社、赤字が続いていますね。　이 회사, 적자가 계속되고 있네요.

　　そうですね。この状態が続くと、いずれつぶれてしまいかねませんね。　그러네요. 이 상태가 지속되면 머지않아 망해 버릴지도 모르겠군요.

・**不渡りを出す** 부도를 내다

예 あの会社、結局不渡りを出してしまったそうよ。 저 회사, 결국 부도를 내고 말았대.

そうか。たぶん無理な事業拡大のせいだろうなあ。 그래? 아마 무리한 사업 확대 탓일 거야.

・**取引先** 거래처

예 渡辺君に頼みたいことがあるんだけど、今どこにいるか知ってる? 와타나베 군에게 부탁할 일이 있는데, 지금 어디에 있는지 알고 있어?

さあ、さっき取引先に行くと言ってたけど。 글쎄, 조금 전 거래처에 간다고 말했는데.

・**昇進** 승진

예 鈴木さんが今度の人事異動で課長に昇進したそうよ。 스즈키 씨가 이번 인사이동으로 과장으로 승진했대.

彼っていつも営業成績がダントツだったからなあ。 그는 항상 영업성적이 단연 최고였으니까.

・**合併** 합병

예 あの会社とうちの会社、合併するかもしれないって。 저 회사와 우리 회사, 합병할지도 모른대.

そう? 仕事熱心な君にとってはいい話かもなあ。 그래? 일을 열심히 하는 당신에게는 좋은 기회일지도 모르겠군.

・**打開策** 타개책

예 あの会社、このままではちょっと危ないんじゃない。 저 회사, 이대로라면 조금 위험하지 않아?

そうかもなあ。これといった打開策もなさそうだね。 그럴지도. 이렇다 할 타개책도 없어 보이네.

・**親会社** 모회사

예 親会社の倒産でわが社の受注が減ってしまいました。 모회사의 도산으로 우리 회사의 수주가 줄어 버렸어요.

そうですか。肩を落とさずに元気を出してください。 그래요? 낙심하지 말고 힘내세요.

・**賃上げ** 임금 인상

예 組合は大幅な賃上げを要求していますね。 조합은 대폭적인 임금 인상을 요구하고 있군요.

ええ、会社側が引き受けてくれるかどうかは疑問ですけどね。 네, 회사 측이 받아들여 줄지 어떨지는 의문이지만요.

・**目を通す** 대충 훑어보다

예 部長、例の報告書、お読みになりましたか。 부장님, 예의 보고서는 보셨나요?

うん、一応目を通しておいたけど。 응, 일단 대충 훑어봤는데.

※ 메모하면서 들어 보세요. Track 3-18

01 問
(A) ____________________
(B) ____________________
(C) ____________________
(D) ____________________

02 問
(A) ____________________
(B) ____________________
(C) ____________________
(D) ____________________

03 問
(A) ____________________
(B) ____________________
(C) ____________________
(D) ____________________

04 問
(A) ____________________
(B) ____________________
(C) ____________________
(D) ____________________

05 問
(A) ____________________
(B) ____________________
(C) ____________________
(D) ____________________

06 問
(A) ____________________
(B) ____________________
(C) ____________________
(D) ____________________

Unit 09 업무 및 비즈니스

정치 및 경제

PART 2 질의 응답에서 정치 및 경제 관련 문제는 한두 문제 정도가 출제되지만, 업무 및 비즈니스 문제와 함께 난이도가 높은 부분이므로 고득점을 위해서는 반드시 맞춰야하는 부분이기도 하다.

정치 정치 관련 문제는 주로 선거, 법안, 국회, 정치가에 관한 평가 등의 내용이 출제된다. 매 시험 출제되지는 않지만, 만약 출제되면 관련 어휘가 상당히 까다로우므로 관련 어휘를 정리해 두는 것이 좋다. 요령으로 기억해 두어야 하는 것이 정치 관련 문제는 긍정적인 내용보다는 부정적인 내용으로 실제 시험에 나오는 경우가 많다는 것이다. 예를 들어 법안이나 국회 관련 문제의 경우, 법안의 가결이나 성립이 힘들다거나 국회에서 여당과 야당이 대립하고 있는 내용 등의 형태로 출제되므로 질문에서 어떤 문제가 있는지 정확하게 들어야 실수가 없다. 그리고 문제에 등장한 어휘가 선택지에 다시 등장하면 오답인 경우가 많다는 것도 기억해 두자.

경제 경제 관련 문제는 여러 가지 경제 상황을 종합적으로 이해하고 있어야 정답을 찾을 수 있는 유형으로 엔고나 엔저의 영향, 주가의 상승 및 하락, 경기 회복 및 악화 등의 내용이 주로 출제된다. 경제 관련 문제는 평소에 들어보기 힘든 어휘가 많이 출제되므로, 경제 관련 기사나 뉴스에 관심을 가지고 꾸준히 어휘나 표현들을 정리해 두는 것도 한 가지 방법이다. 특히 실제 시험에서는 경제 관련 관용 표현이 많이 출제되는데, 구체적으로는「財布の紐が緩み始める(지갑의 끈이 느슨해지기 시작하다, 돈을 쓰기 시작하다)」,「底を打つ(바닥을 치다)」,「うなぎ登り(물가 따위가 상승함)」 등의 표현이 출제되었다. 이런 표현들은 순간적으로 의미 파악이 쉽지 않으므로, 정확한 의미 및 사용 장면을 숙지하고 있어야 한다.

출제 유형	주의해야 될 요건	관련 어휘 & 표현
정치 및 경제	· 정치 관련 문제는 자주 출제되는 유형인 선거, 법안, 국회, 정치가에 관한 평가 관련 어휘를 정리해 둘 것 · 정치 관련 문제는 긍정적인 내용보다는 부정적인 내용으로 실제 시험에 나오는 경우가 많다는 것을 기억해 둘 것 · 정치 관련 문제는 자주 출제되는 유형인 엔고나 엔저의 영향, 주가의 상승 및 하락, 경기 회복 및 악화 관련 어휘를 정리해 둘 것 · 경제 관련 관용 표현은 따로 정리를 해 둘 것	· 低迷 침체 · 人手 일손, 인력 · 貸し渋り 대출 기피 · インフレ 인플레이션 · 天下り 낙하산 인사 · 候補者 후보자 · 当選 당선 · 決裂 결렬

※ 메모하면서 들어 보세요. ✎ Track 3-19 🎧

01 問
(A) ___________________
____
(B) ___________________
____
(C) ___________________
____
(D) ___________________
____

02 問
(A) ___________________
____
(B) ___________________
____
(C) ___________________
____
(D) ___________________
____

03 問
(A) ___________________
____
(B) ___________________
____
(C) ___________________
____
(D) ___________________
____

04 問
(A) ___________________
____
(B) ___________________
____
(C) ___________________
____
(D) ___________________
____

05 問
(A) ___________________
____
(B) ___________________
____
(C) ___________________
____
(D) ___________________
____

06 問
(A) ___________________
____
(B) ___________________
____
(C) ___________________
____
(D) ___________________
____

・低迷 (ていめい) 침체

예 日本の株価はまだ低迷状態が続いていますね。　일본 주가는 아직 침체 상태가 계속되고 있군요.

えe、回復の兆しもなかなか見えませんね。　네, 회복 조짐도 좀처럼 보이질 않네요.

・可決 (かけつ) 가결

예 この法案は国会で可決されるのでしょうか。　이 법안은 국회에서 가결될까요?

さあ、野党の反対が激しいから、どうなるかわかりませんね。　글쎄요, 야당의 반대가 심하니까 어떻게 될지 모르겠군요.

・人手 (ひとで) 일손·인력

예 国内では当分、人手不足が続くそうですね。　국내에서는 당분간 인력 부족이 계속된대요.

そうですか。製造業は大きな打撃を受けるでしょうね。　그래요? 제조업은 큰 타격을 받겠군요.

・当選 (とうせん) 당선

예 あの候補者、当選するのかしら。　저 후보자, 당선될까?

住民たちの支持率が高いから、当選すると思うよ。　주민들의 지지율이 높으니까 당선될 것 같아.

・貸し渋り (かしぶり) 대출 기피

예 貸し渋りのため、多くの中小企業が倒産しているそうですね。　대출 기피 때문에 많은 중소기업이 도산하고 있군요.

ええ、うちの会社も資金不足で困っています。　네, 저희 회사도 자금부족으로 곤란해요.

・政策 (せいさく) 정책

예 今度の政策には反対する人が多いね。　이번 정책에는 반대하는 사람이 많네.

うん、国民の生活とはあまりにも掛け離れている政策だからなあ。　응, 국민들의 생활과는 너무나도 동떨어진 정책이니까.

・円高 (えんだか) 엔고

예 円高の影響で、輸出企業は大きな打撃を受けるでしょうね。　엔고의 영향으로 수출기업은 큰 타격을 받겠군요.

そうだけど、輸入企業にとってはいい話じゃない。　그렇겠지만 수입기업에 있어서는 좋은 얘기 아냐?

・与党 (よとう) 여당

예 今度の選挙も与党が勝利するのでしょうか。　이번 선거도 여당이 승리할까요?

さあ、不祥事が相次いだから、たぶん難しいでしょう。　글쎄, 불상사가 잇따랐으니까 아마 어렵겠죠.

- **株価** 주가

  예 低迷し続けていた株価も遂に底を打ちましたね。 계속 침체되어 있던 주가도 마침내 바닥을 쳤네요.

  ええ、これからは徐々によくなるでしょう。 네, 앞으로는 서서히 좋아지겠죠.

- **開票** 개표

  예 今度の選挙、誰が当選するかしら。 이번 선거, 누가 당선될까?

  さあ、開票が終わるまではわからないんじゃない。 글쎄, 개표가 끝날 때까지는 모르는 거 아냐?

- **底値** 바닥 시세

  예 株価も底値を脱したようですね。 주가도 바닥 시세에서 벗어난 듯 하네요.

  ええ、これから回復するでしょう。 네, 앞으로 회복되겠죠.

- **天下り** 낙하산 인사

  예 元官僚の民間企業への天下りが問題になってるね。 전 관료의 민간기업으로의 낙하산 인사가 문제가 되고 있네.

  うん、よくない慣行だから、直してほしいなあ。 응, 좋지 않은 관행이니까 고쳤으면 좋겠어.

- **財布の紐が緩くなる** 돈을 쓰기 시작하다

  예 最近、消費者の財布の紐が緩くなりましたね。 최근 소비자가 돈을 쓰기 시작했네요.

  ええ、景気回復の証拠でしょうね。 네, 경기 회복의 증거겠죠.

- **議員** 의원

  예 議員ともあろう者が裏金をもらうなんて、許しがたいわ。 명색이 의원이라는 사람이 뒷돈을 받다니, 용서할 수 없어.

  うん、厳しく罰するべきだよ。 응, 엄하게 벌을 줘야만 해.

- **うなぎ登り** 물가나 사람의 지위가 올라감

  예 最近、物価がうなぎ登りだそうよ。 최근 물가가 계속 올라가고 있대.

  そう? 庶民の生活はもっと厳しくなるだろうなあ。 그래? 서민들의 생활은 더 힘들어지겠군.

- **伯仲** 백중 · 우열을 가리기 힘듦

  예 今度の選挙は与野党が伯仲してるね。 이번 선거는 여당과 야당이 백중이네.

  うん、結果がどうなるか楽しみだなあ。 응, 결과가 어떻게 될지 기대되는군.

・シェア　시장 점유율

예　今度の新製品で、うちの会社のシェアが大幅に伸びたそうよ。

이번 신제품으로 우리 회사의 시장 점유율이 대폭적으로 늘었대.

品質もいいし、値段も手頃だからなあ。

품질도 좋고, 가격도 적당하니까.

・右肩上がり　오름세

예　この地域の地価、右肩上がりだって。

이 지역의 땅값, 오름세라고 해.

そうだな。下がる気配も全くないね。

그러네. 내려갈 기미도 전혀 없군.

・ひんしゅくを買う　빈축을 사다

예　その議員、海外で大量にブランド品を買い漁って国民からひんしゅくを買ってるね。

그 의원, 해외에서 대량으로 명품을 여기저기 다니며 사 모아 국민들로부터 빈축을 사고 있네.

別に悪いことではないと思うけど、立場が立場だから、ちょっとね。

특별히 나쁜 일이라고는 생각하지 않지만, 입장이 입장인 만큼 좀 그러네.

・負債　부채

예　まさかあの会社が倒産するとは…。

설마 저 회사가 도산하다니…….

噂によると、負債が多かったらしいよ。

소문에 의하면 부채가 많았대.

・收賄　수뢰 · 뇌물을 받음

예　このところ、官僚の收賄事件が立て続けに起こるわね。

요즘 관료의 뇌물 사건이 연거푸 일어나고 있네.

うん、役人の汚職は相変わらず跡を絶たないね。

응, 공무원의 부정은 여전히 끊이질 않네.

・買い占める　매점하다

예　値上げを期待して商品を買い占めている人が多いそうだね。

가격 인상을 기대하고 상품을 매점하는 사람이 많다고 하네.

そうらしいね。でも、他の人のことも考えなきゃ…。

그렇다고 하더군. 하지만 다른 사람도 생각해야지…….

・インフレ　인플레이션

예　果たしてこのインフレに歯止めをかける方法はないのでしょうか。

과연 이 인플레이션에 제동을 걸 방법은 없는 걸까요?

今の状況では何をやっても打開できそうもありませんね。

지금 상황으로는 어떤 방법으로도 타개할 수 없을 것 같네요.

・デフレ　디플레이션

예　デフレの影響で倒産する企業が続出していますね。

디플레이션의 영향으로 도산하는 기업이 속출하고 있네요.

ええ、政府の消費促進政策も利かないですね。

네, 정부의 소비 촉진 정책도 효과가 없군요.

※ 메모하면서 들어 보세요. ✎

Track **3-20** 🎧

01 問
 (A) ______________________
 ____
 (B) ______________________
 ____
 (C) ______________________
 ____
 (D) ______________________
 ____

02 問
 (A) ______________________
 ____
 (B) ______________________
 ____
 (C) ______________________
 ____
 (D) ______________________
 ____

03 問
 (A) ______________________
 ____
 (B) ______________________
 ____
 (C) ______________________
 ____
 (D) ______________________
 ____

04 問
 (A) ______________________
 ____
 (B) ______________________
 ____
 (C) ______________________
 ____
 (D) ______________________
 ____

05 問
 (A) ______________________
 ____
 (B) ______________________
 ____
 (C) ______________________
 ____
 (D) ______________________
 ____

06 問
 (A) ______________________
 ____
 (B) ______________________
 ____
 (C) ______________________
 ____
 (D) ______________________
 ____

Track 3-21 🎧

Ⅱ. 次の言葉の返事として、もっとも適したものを(A)から(D)の中で一つを選びなさい。

(21) 答えを答案用紙に書き入れなさい。
(22) 答えを答案用紙に書き入れなさい。
(23) 答えを答案用紙に書き入れなさい。
(24) 答えを答案用紙に書き入れなさい。
(25) 答えを答案用紙に書き入れなさい。
(26) 答えを答案用紙に書き入れなさい。
(27) 答えを答案用紙に書き入れなさい。
(28) 答えを答案用紙に書き入れなさい。
(29) 答えを答案用紙に書き入れなさい。
(30) 答えを答案用紙に書き入れなさい。
(31) 答えを答案用紙に書き入れなさい。
(32) 答えを答案用紙に書き入れなさい。
(33) 答えを答案用紙に書き入れなさい。
(34) 答えを答案用紙に書き入れなさい。
(35) 答えを答案用紙に書き入れなさい。

(36) 答えを答案用紙に書き入れなさい。
(37) 答えを答案用紙に書き入れなさい。
(38) 答えを答案用紙に書き入れなさい。
(39) 答えを答案用紙に書き入れなさい。
(40) 答えを答案用紙に書き入れなさい。
(41) 答えを答案用紙に書き入れなさい。
(42) 答えを答案用紙に書き入れなさい。
(43) 答えを答案用紙に書き入れなさい。
(44) 答えを答案用紙に書き入れなさい。
(45) 答えを答案用紙に書き入れなさい。
(46) 答えを答案用紙に書き入れなさい。
(47) 答えを答案用紙に書き入れなさい。
(48) 答えを答案用紙に書き入れなさい。
(49) 答えを答案用紙に書き入れなさい。
(50) 答えを答案用紙に書き入れなさい。

MEMO

Part 3

회화문

숫자 청취 및 물건 구입

PART 3 회화문에서 약 20퍼센트 정도를 차지하는 것이 여러 가지 숫자 청취 및 물건 구입 관련 문제이다. 이 유형에서는 회화문 속에 수많은 숫자와 관련된 표현들이 등장하므로 듣고 바로 이해할 수 있도록 평소에 숫자 읽는 연습을 충분히 해 두어야 한다.

숫자 청취 두 사람의 대화에 등장한 금액이나 일정, 시간 및 날짜를 얼마나 정확하게 알아들을 수 있느냐를 묻는 문제로 매 시험 평균 3문제 이상 출제되고 있다. 이 부분에 대한 공략법으로 기억해 두어야 하는 것이 처음에 등장하는 숫자는 오답일 경우가 많다는 것이다. 그리고 시간 및 날짜나 요일 등을 묻는 문제는 대부분의 경우 세 번째 문장쯤에서 변경이 될 수 있다는 것도 기억해 두도록 하자. 다시 말해 바로 정답을 제시하는 경우는 거의 없으므로 세 번째나 네 번째 문장에서 변경되는 내용을 정확하게 청취해야 실수가 없다.

물건 구입 뭔가를 구입하거나 판매하는 상황에서 일어나는 회화문에 대한 이해를 묻는 문제로 평균 3문제 정도가 출제되고 있다. 이 유형은 구입하는 물건을 구체적으로 묻는 경우가 대부분인데 특히 구입하는 사람 쪽의 대화를 주의해서 잘 들어야 한다. 공략법으로는 문제를 미리 읽어 두는 것인데 만약 문제에서「男(おとこ)の人はどんな帽子(ぼうし)を買(か)いますか。(남자는 어떤 모자를 삽니까?)」라는 질문이 있다면 남자의 대화를 잘 들으면서 어떤 모자를 구입하는지 색깔이나 크기 등을 잘 따져 보면 된다.

출제 유형	주의해야 될 요건	관련 어휘 & 표현
숫자 청취 및 물건 구입	· 계산 문제에서 처음에 등장하는 숫자는 오답인 경우가 많다는 것을 기억해 둘 것 · 시간 및 날짜나 요일을 묻는 문제는 세 번째 문장쯤에서 변경되는 경우가 많으므로 뒷부분을 유심히 잘 들을 것 · 직접적인 언급을 회피하는 표현은 전후의 내용을 잘 추론해서 그 이면에 숨겨진 의미를 파악할 것	· 割引(わりびき) 할인 · 売(う)れる 팔리다 · 予定(よてい) 예정 · 遅(おく)らせる 늦추다 · 届(とど)ける 배달하다 · 切(き)らす 떨어지다

SECTION 1 기초 다지기

Track 4-01 🎧

01 今は何時ですか。

(A) 10時半
(B) 11時
(C) 11時半
(D) 12時

02 女の人は何が気に入らないですか。

(A) 帽子の色
(B) 帽子のサイズ
(C) 帽子のデザイン
(D) 帽子の値段

03 女の人は何日間田舎に帰りますか。

(A) 二日間
(B) 三日間
(C) 四日間
(D) 五日間

04 男の人はどこで働いていますか。

(A) 青いビルの3階
(B) 青いビルの4階
(C) 白いビルの3階
(D) 白いビルの4階

05 今日の会議はもともと何時からでしたか。

(A) 1時
(B) 2時
(C) 3時
(D) 4時

06 男の人は何年間アメリカに住んでいましたか。

(A) 3年間
(B) 5年間
(C) 6年間
(D) 7年間

07 女の人は何時間アルバイトをしますか。

(A) 4時間
(B) 5時間
(C) 6時間
(D) 7時間

08 普通、男の人は何時に家に帰りますか。

(A) 7時頃
(B) 8時頃
(C) 9時頃
(D) 10時頃

・〜まで ~까지

예 書類の締め切りはいつですか。

서류 마감은 언제인가요?

今週の金曜日までです。

이번 주 금요일까지예요.

・全部で 전부해서

예 これ、全部でいくらですか。

이거, 전부해서 얼마인가요?

2千円になります。

2천 엔이에요.

・月水 월요일과 수요일

예 ここでは燃えるごみはいつ出しますか。

여기에서는 불에 타는 쓰레기는 언제 버리나요?

燃えるごみは月水に出しております。

불에 타는 쓰레기는 월요일과 수요일에 버리고 있어요.

・割引 할인

예 両方ともいいなあ。

양쪽 모두 좋은데……

一緒にお求めになった場合、10パーセントの割引になります。

함께 구입하실 경우 10% 할인이 돼요.

・切らす 떨어지다

예 この色で、もう少し大きいのはありますか。

이 색깔로 좀 더 큰 것 있나요?

申し訳ありません。あいにくこの色は切らしておりまして。

죄송해요. 공교롭게도 이 색깔은 다 떨어졌습니다만.

・きつい 꽉 끼다

예 どうですか。サイズはいかがですか。

어때요? 사이즈는 어떠세요?

ちょっときついですね。

조금 꽉 끼는군요.

・遅れる 늦다

예 鈴木さんは10分くらい遅れるそうです。

스즈키 씨는 10분 정도 늦는다고 해요.

じゃ、もう少し待ちましょうか。

그럼 좀 더 기다릴까요?

・探す 찾다

예 小さくて安い腕時計を探しているんですが。

작고 싼 손목시계를 찾고 있습니다만.

これはいかがですか。

이건 어떠세요?

・ぴったり 딱 들어맞는 모양

예 この服、どう?

이옷, 어때?

君にぴったりだね。買えば?

당신한테 딱이네. 사는 게 어때?

・返品 반품

예 すみませんが、この商品、返品しようと思ってるんですけど。

죄송한데 이 제품, 반품하려구요.

そうですか。少々お待ちください。

그래요? 잠시 기다려 주세요.

・届ける 배달하다

예 お届け先はどちらでしょうか。

배달처는 어디신가요?

こちらの住所まで届けてください。

이쪽 주소로 배달해 주세요.

・取り換える 교환하다

예 すみませんが、これ、取り換えていただけますか。

죄송한데 이거 교환할 수 있나요?

申し訳ありませんが、お買い求めの日から一週間経った商品はちょっと…。

죄송합니다만, 구입하신 날로부터 일주일이 지난 상품은 좀…….

・正札制 정찰제

예 もうちょっと安くなりませんか。

좀 더 싸게 안 되나요?

申し訳ありませんが、うちの商品は全商品が正札制ですので…。

죄송합니다만 저희 상품은 모든 상품이 정찰제라서…….

・税込み 세금이 포함됨

예 この値段、税込みですよね。

이 가격, 세금이 포함된 가격이죠?

いいえ、税抜きで1万です。

아니요, 세금을 빼고 만 엔이에요.

・喉から手が出る 몹시 탐이 나다

예 このパソコン、喉から手が出るほどほしいんだけど、ちょっと高いね。

이 컴퓨터, 몹시 사고 싶지만 조금 비싸네.

うん、値段以外は本当に申し分ないのになあ。

응, 가격 이외에는 정말로 나무랄 데가 없군.

・売り切れる 다 팔리다

예 申し訳ありませんが、入場券はただ今売り切れております。

죄송합니다만 입장권은 현재 매진이에요.

そうですか。もっと早く来たらよかったのに。

그래요? 좀 더 일찍 왔으면 좋았을 텐데…….

- **持ち帰り** 가지고 돌아감 · 포장

예 お持ち帰りですか。それとも、こちらでお召し上がりですか。

포장인가요? 아니면 여기서 드시나요?

持ち帰りです。

포장이에요.

- **前売り** 예매

예 今前売りを買いますと、1割安くなりますが。

지금 예매를 하시면 10% 싸게 구입하실 수 있습니다만.

1割ですか。じゃ、2枚お願いします。

10%요? 그럼 두 장 부탁드려요.

- **手頃** 적당함

예 こちらのものはいかがですか。

이건 어떤가요?

値段は手頃ですが、デザインがちょっと…。

가격은 적당한데 디자인이 좀…….

- **取り寄せる** 주문해서 가져오게 하다

예 これ、取り寄せることができますか。

이거 주문할 수 있나요?

はい、でも2、3日かかると思いますが。

예, 하지만 2, 3일은 걸립니다만.

- **繰り上げる** 앞당기다

예 2時からはA社とのミーティングがありまして。

2시부터는 A사와의 회의가 있어서…….

じゃ、1時間繰り上げようか。

그럼 1시간 앞당길까?

- **前払い** 선불

예 前払いですと、10パーセントの割引があります。

선불이면 10% 할인이 됩니다.

そうですか。では、前払いでお願いします。

그래요? 그럼 선불로 부탁드려요.

- **払い戻し** 환불

예 これ、昨日買ったスカートなんですけど、払い戻しできますか。

이거 어제 산 치마인데 환불할 수 있나요?

はい、可能です。

예, 가능해요.

- **派手** 화려함

예 この色、私にはちょっと派手かしら。

이웃, 나한테는 조금 화려할까?

いや、よく似合うと思うよ。

아니, 잘 어울린다고 생각해.

Track 4-02

01 男の人は結婚して何年ですか。

(A) 3年
(B) 12年
(C) 15年
(D) 18年

02 今は何時ですか。

(A) 2時50分
(B) 2時55分
(C) 3時15分
(D) 3時35分

03 女の人は男の人にいつ電話をしますか。

(A) 6時頃
(B) 6時30分頃
(C) 7時頃
(D) 7時30分頃

04 男の人は旅行から何人で帰って来ましたか。

(A) 二人
(B) 三人
(C) 四人
(D) 五人

05 男の人はいつもはいつが休みですか。

(A) 月曜日
(B) 火曜日
(C) 水曜日
(D) 木曜日

06 女の人はどんな自転車を買いましたか。

(A) 黒い自転車
(B) 赤い自転車
(C) 青い自転車
(D) 白い自転車

07 牛乳が安い日はいつですか。

(A) 火曜日
(B) 水曜日
(C) 木曜日
(D) 金曜日

08 今は何時ですか。

(A) 10時
(B) 10時10分
(C) 10時20分
(D) 10時30分

일상생활

PART 3 회화문에서 가장 비중이 높은 부분이 일상생활 관련 회화문이다. 30문제 중 약 60퍼센트인 18문제에서 20문제 정도가 출제되므로 이 부분을 집중적으로 공략해야 고득점을 얻을 수 있다.

평소 일상생활에서 흔히 일어나는 장면이나 상황에 대한 이해를 묻는 문제가 PART3의 일상생활 관련 문제이다. 일상생활의 모든 소재가 이 PART의 문제가 될 수 있다는 것이 학습자들에게는 큰 부담으로 작용하기도 한다. 하지만 구체적으로 분류하기가 다소 힘들다고는 해도 일본어 능력을 측정하는 시험인 이상 큰 틀은 정해져 있다. 일상생활과 관련된 문제에서 자주 출제되는 유형은 다음과 같다.

우선 네 개의 대화문에 등장하는 구체적인 어휘나 관용 표현 등의 이해를 묻는 문제이다. 이런 유형의 문제는 전체적인 대화의 흐름보다는 개개의 어휘에 대한 이해가 필요하므로 평소에 부지런히 어휘력을 늘려 두는 것이 급선무이다.

다음으로 대화에서 화제가 되고 있는 내용에 대한 개괄적인 이해를 묻는 문제가 출제된다. 이 유형에서는 전체적인 대화의 흐름을 이해하는 것이 중요하므로 각각의 어휘에 너무 얽매이지 않도록 하고 질문을 미리 읽어 두어 문제에 맞춰 필요한 부분만 주의 깊게 듣도록 한다.

마지막으로 추론을 요하는 문제도 출제되고 있다. 이 유형도 일단은 다른 문제 유형과 마찬가지로 문제를 미리 읽어 두어 문제의 핵심을 파악한 다음 대화를 잘 듣고 그 대화의 이면에 숨겨진 의미를 정확하게 이해해야 실수가 없다. 특히 완곡하게 거절하거나 간접적으로 돌려서 표현하는 간접 표현이 자주 등장하므로 이런 표현들을 평소에 많이 공부해 둘 필요가 있다.

출제 유형	주의해야 될 요건	관련 어휘 & 표현
일상생활	· 구체적인 정보에 대한 이해를 묻는 문제는 문제에서 요구하는 핵심 어휘만 주의해서 들을 것 · 대화의 개괄적인 이해를 묻는 문제는 전체적인 대화의 흐름을 잘 파악하고 등장하는 남녀의 구체적인 정보를 잘 기억해 둘 것 · 추론을 요하는 문제는 대화의 이면에 숨겨진 의미를 이해해야만 정답을 찾을 수 있으므로 대화에 등장하는 각종 정보를 종합하는 연습을 해 둘 것	· 窮屈 비좁음 · 感心 감탄 · 流行る 유행하다 · おごる 한턱내다 · のんびり 느긋하게 · 入院 입원 · 済ませる 때우다

Track 4-03 🎧

01 昨日、女の人は友達と何をしましたか。

(A) 一緒にテレビを見た。
(B) 映画を見に行った。
(C) 料理を注文して食べた。
(D) 料理を作って食べた。

02 女の人はどうして東京に来ましたか。

(A) 友達と遊ぶため
(B) 観光のため
(C) 友達が入院したため
(D) 日本語の勉強のため

03 男の人の週末はどうでしたか。

(A) 仕事で忙しかった。
(B) 家でのんびりすることができた。
(C) 映画館に行って映画を見た。
(D) 遊園地で子供が迷子になって大変
　　だった。

04 女の人が忘れた財布についての説明の
中で、正しいものはどれですか。

(A) 黒い皮で作られていた。
(B) 中には3万5千円が入っていた。
(C) 丸い形をしていた。
(D) 電車の中で忘れた。

05 二人の会話と合っているものはどれで
すか。

(A) 白い薬は食前にすぐ飲む。
(B) 白い薬は歯が痛い時に飲む。
(C) ピンクの薬は歯が痛い時に飲む。
(D) ピンクの薬はご飯を食べた後にす
　　ぐ飲む。

06 男の人はどんな部屋を探していますか。

(A) 店がなくても広い部屋
(B) 狭くても駅から近い部屋
(C) 周りに店がたくさんある部屋
(D) 狭くても周りに店がたくさんある
　　部屋

07 二人の会話の内容と合っていないもの
はどれですか。

(A) 女の人は男の人がすごいと思って
　　いる。
(B) 男の人は今度初めてマラソン大会
　　に参加した。
(C) 女の人はマラソン大会に参加した
　　経験があるようだ。
(D) 男の人はつらくて最後まで走り抜
　　くことができなかった。

08 二人の会話の内容と合っていないもの
はどれですか。

(A) 結局、昨日の試合で日本は負けた。
(B) 相手チームには一流選手が多かった。
(C) 昨日の試合で日本は決め手を欠い
　　ていた。
(D) 女の人は日本の選手は決して速い
　　とは言えないと思っている。

· **苦手だ** 서툴다

> 鈴木さん、何か運動をしていますか。
> いいえ、私は運動が苦手なので、特に何もして
> いません。

> 스즈키 씨, 뭔가 운동을 하고 있나요?
> 아니요, 저는 운동이 서툴러서 특별히 하는 건 없어요.

· **定食** 정식

> 私はそば。山田君は何にする?
> そうだなあ。じゃ、僕は定食にするよ。

> 나는 국수. 야마다 군은 뭘로 할래?
> 글쎄. 그럼 난 정식으로 할게.

· **当たる** 들어맞다

> この頃の天気予報、当たらないわね。
> うん、あまり信じない方がいいよ。

> 요즘의 일기예보, 맞질 않네.
> 응, 너무 믿지 않는 게 좋아.

· **〜ことになる** 〜하게 되다

> アメリカへ経済の勉強に行くことになったんです。
> それはおめでとうございます。頑張ってください。

> 미국으로 경제 공부를 하러 가게 되었어요.
> 그거 축하드려요. 열심히 하세요.

· **おごる** 한턱내다

> ここは私がおごるわ。
> じゃ、お言葉に甘えて今日はそうしようか。

> 여기는 내가 낼게.
> 그럼, 말한 대로 오늘은 그렇게 할까?

· **飲みに行く** 한 잔 하러 가다

> 鈴木君、今夜飲みに行かない?
> 今日ですか。今日はちょっと用事がありまして…。

> 스즈키군, 오늘 밤 한 잔 하러 안 갈래?
> 오늘요? 오늘은 좀 볼일이 있어서…….

· **窮屈** 비좁음

> この部屋、窮屈で息が詰まりそうよ。
> うん、もう少し広い部屋を探してみよう。

> 이 방, 비좁아서 숨이 막힐 것 같아.
> 응, 좀 더 넓은 방을 찾아봐야겠군.

· **どんより** 날씨가 잔뜩 흐린 모양

> 空がどんよりしていて、今にも一雨来そうだね。
> そうだね。傘を持って行った方がよさそうだなあ。

> 잔뜩 흐려서 금방이라도 한바탕 비가 올 것 같아.
> 그러네. 우산을 가져 가는 게 좋을 것 같아.

- **感心** 감탄

例 みんなが一生懸命に合唱の練習をする姿に感心したわ。
모두가 열심히 합창 연습을 하는 모습에 감탄했어.

うん、きっと素晴らしい発表になると思うよ。
응, 틀림없이 멋진 발표가 될 거라고 생각해.

- **返す** 돌려주다

例 この本、山田さんに渡していただけませんか。返すのを忘れてしまって…。
이 책, 야마다 씨에게 건네주시지 않겠어요? 돌려주는 걸 잊어 버려서…….

いいですよ。明日会う予定ですから。
좋아요. 내일 만날 예정이니까요.

- **退屈しのぎ** 심심풀이

例 素晴らしい模型ですね。
멋진 모형이네요.

いや、ほんの退屈しのぎですよ。
아니에요, 그저 심심풀이예요.

- **はまる** 빠지다 · 열중하다

例 最近、料理にはまってるんだって。
최근 요리에 푹 빠져 있다며?

うん、楽しくてしょうがないよ。
응, 너무 즐거워.

- **流行る** 유행하다

例 この頃、こんなスタイルが若者の間で流行っているらしいよ。
요즘 이런 스타일이 젊은이들 사이에서 유행이래.

本当? 意外に地味だね。
정말? 의외로 수수하네.

- **済ませる** 때우다

例 今日は時間がありませんから、簡単に済ませましょうか。
오늘은 시간이 없으니까 간단히 때울까요?

ええ、そうしましょう。
네, 그렇게 해요.

- **欠かせない** 빠뜨릴 수 없다

例 就職するためには英語の勉強は欠かせないですね。
취직하기 위해서는 영어 공부는 빠뜨릴 수 없죠.

ええ、そうですね。就職しても英語は必要ですからね。
네, 그러네요. 취직해서도 영어는 필요하니까요.

- **ごめんだ** 질색이다

例 ああいうタイプ、本当にごめんだわ。
저런 타입, 정말로 질색이야.

そう? 僕はいいけど。
그래? 난 좋은데.

・ **財布を落とす** 지갑을 잃어버리다

예 どうしよう。財布を落としてしまったみたい。　어떻게 하지? 지갑을 잃어버린 것 같아.

いつもそそっかしいんだから。ちゃんと探してみてよ。　항상 덜렁댄다니까. 제대로 찾아 봐.

・ **〜日和** 〜하기에 좋은 날씨

예 今日はよく晴れていて、正に洗濯日和だわ。　오늘은 아주 맑아서 정말로 세탁하기에 좋은 날씨야.

久しぶりに布団を干そうか。　오랜만에 이불을 널까?

・ **二日酔い** 숙취

예 昨夜は部長に飲まされて、今朝二日酔いで大変だったわ。　어젯밤은 부장님이 억지로 술을 먹여서 오늘 아침에 숙취로 힘들었어.

全く、もう君も年を考えてよ。　정말, 이제 당신도 나이를 생각해.

・ **太る** 살찌다

예 この時は大分太っていたのね。まるで別人みたい。　이 때는 상당히 살쪘었네. 마치 다른 사람 같아.

今は当時より20キロも痩せたからなあ。　지금은 당시보다 20킬로그램이나 말랐으니까.

・ **手触り** 감촉

예 やっぱり牛革の鞄って手触りがいいわ。　역시 소가죽 가방은 감촉이 좋아.

でも、高すぎるよ。　하지만 너무 비싸.

・ **圧巻** 압권

예 あの映画、アクションシーンが本当に圧巻だったわ。　그 영화, 액션신이 정말로 압권이었어.

うん、もう一度見たいなあ。　응, 다시 한 번 보고 싶어.

・ **破損** 파손

예 万が一破損などがございましたら、直ちにご連絡ください。　만에 하나 파손 등이 있으면 즉시 연락 주십시오.

はい、わかりました。　네, 알겠어요.

・ **リサイクル** 재활용

예 資源節約のために、リサイクル運動に参加しています。　자원절약을 위해서 재활용운동에 참가하고 있어요.

そうですか。今度私も参加してみましょうか。　그래요? 다음 번에 저도 참가해 볼까요?

Track 4-04 🎧

01 女の人は男の人の何が不満ですか。

(A) たばこの吸いすぎ
(B) お酒の飲みすぎ
(C) 帰りが遅いこと
(D) 家で何もしないこと

02 100円ショップが人気がある理由は何ですか。

(A) 普通の店よりずっと安いから
(B) 親切な店員が多いから
(C) 値段に比べて商品の質がいいから
(D) よく売れている商品を調べて参考にしているから

03 新しいテレビを買うことについて、男の人の反応として正しいものはどれですか。

(A) 何の反応もない。
(B) 渋い返事をしている。
(C) とても嬉しがっている。
(D) ぷりぷり怒っている。

04 男の人はどこで勉強するのが良いと言っていますか。

(A) 家
(B) 図書館
(C) 家と図書館
(D) どちらでもかまわない。

05 女の人の話と合っているものはどれですか。

(A) 新しい台所洗剤は肌が荒れるから、あまり使いたくない。
(B) 新しい台所洗剤は環境に悪いから、使うべきではない。
(C) 新しい台所洗剤は汚れが落ちやすいから、すごく気に入った。
(D) 新しい台所洗剤はあまり汚れが落ちないから、たくさん使ってしまう。

06 二人は今日の晩ご飯をどうすることにしましたか。

(A) 家で食べる。
(B) 店に注文して食べる。
(C) 近くのレストランに行く。
(D) インスタントラーメンなどで簡単に済ませる。

07 昨日の火事の原因は何でしたか。

(A) 火遊び
(B) 漏電
(C) たばこの火の不始末
(D) 電気製品の加熱

08 二人の考えと合っているものはどれですか。

(A) 年に合わない若さも満更でもない。
(B) 若さを保つためにはもっとお金を使うべきだ。
(C) 不自然な若さより年に合う美しさが大切だ。
(D) 女優なら若さを保つためにもっと努力すべきだ。

장소 및 사물·대상 파악

　　PART 3 회화문에서 장소 및 사물, 대상을 파악하는 문제는 크게 보면 앞선 일상생활에 포함되는 유형으로 평균 두 문제 정도가 출제되고 있는데 장소보다는 두 사람의 대화에 등장하는 사물이나 대상을 파악하는 문제의 출제 빈도가 조금 더 높다.

장소　　장소를 파악하는 문제는 두 사람의 대화 내용을 종합해서 어떤 장소인지를 파악하는 문제인데 실제 시험의 출제 경향을 분석해 보면 처음에 나오는 장소는 오답인 경우가 많았고 대화를 끝까지 들어야 정답을 찾을 수 있는 문제가 대부분이었다. 따라서 대화를 들을 때는 장소를 잘 메모하는 것도 중요하지만 성급하게 정답을 고르지 말고 끝까지 잘 듣도록 하자.

사물·대상　사물이나 대상을 파악하는 문제는 두 사람의 대화를 종합해서 무엇에 대해서 말하고 있는지 묻는 형태로 출제된다. 따라서 이런 유형의 문제는 대화 내용이 나오기 전에 선택지를 미리 봐 두는 것이 절대적으로 유리하므로 미리 선택지를 봐 두고 들으면서 소거법으로 아닌 것들을 제거하면서 들으면 실수가 없다.

출제 유형	주의해야 될 요건	관련 어휘 & 표현
장소 및 사물· 대상 파악	· 장소 및 사물·대상을 파악하는 문제는 성급하게 정답을 고르지 말고 대화 내용을 끝까지 잘 들을 것 · 장소를 파악하는 문제는 대체로 처음에 나오는 장소는 오답일 경우가 많다는 것을 기억해 둘 것 · 사물·대상을 파악하는 문제는 선택지를 미리 봐 두고 대화 내용을 들을 것	· 洗濯（せんたく） 세탁 · 温泉（おんせん） 온천 · 皿洗い（さらあらい） 설거지 · 銭湯（せんとう） 공중 목욕탕 · 栓抜き（せんぬき） 병따개 · 応接室（おうせつしつ） 응접실

Track 4-05 🎧

01 ここはどこですか。

(A) 喫茶店
(B) 郵便局
(C) 洋品店
(D) クリーニング屋

02 女の人の趣味は何ですか。

(A) 花を観察すること
(B) 花の絵を描くこと
(C) 花の写真を撮ること
(D) 花を栽培すること

03 男の人が終えたことは何ですか。

(A) 洗濯
(B) 部屋の掃除
(C) 皿洗い
(D) 部屋の掃除と皿洗い

04 女の人はケーキをどこで買いましたか。

(A) デパート
(B) 駅前にある店
(C) 家の近くにある店
(D) 会社の近くにある店

05 二人は昼ご飯に何を食べに行きますか。

(A) ラーメン
(B) そば
(C) 牛丼
(D) 焼き肉

06 春と言えば男の人はどんな単語を思い浮かべますか。

(A) 桜
(B) 入学式
(C) 花冷え
(D) 黄砂

07 二人は今どこにいますか。

(A) 銭湯
(B) 温泉
(C) 神社
(D) 山頂

08 今はいつ頃ですか。

(A) 春分
(B) 夏至
(C) 秋分
(D) 冬至

- **デパート** 백화점

> 예 このお菓子、家の近くのデパートでも売っていますか。
>
> いいえ、デパートでは売っていません。

이 과자, 집 근처의 백화점에서도 팔고 있나요?

아니요, 백화점에서는 팔지 않아요.

- **本棚** 책장

> 예 昨日の新聞はどこにあるの。
>
> 本棚の横にあるよ。

어제 신문은 어디에 있어?

책장 옆에 있어.

- **定期券** 정기권

> 예 あの…、定期券が買いたいんですが。
>
> では、そちらの紙に名前と住所をお書きください。

저기……, 정기권을 사고 싶은데요.

그럼, 그 종이에 이름과 주소를 적어 주세요.

- **アルバム** 앨범

> 예 高校の時のアルバム、今も持っているの。
>
> 確か家にあるとは思うけど、どこにあるかはわからないなあ。

고등학교 때 앨범, 지금도 가지고 있어?

분명히 집에 있을 거라고는 생각하지만 어디에 있는지는 모르겠어.

- **温泉** 온천

> 예 最近、疲れがたまっているみたい。
>
> そう？ じゃ、週末に温泉にでも行こうか。

최근 피로가 쌓인 것 같아.

그래? 그럼, 주말에 온천에라도 갈까?

- **日記** 일기

> 예 子供の時にどんな宿題が一番嫌だったの。
>
> やっぱり毎日日記を付ける宿題かな。

어릴 때 어떤 숙제가 가장 싫었어?

역시 매일 일기를 쓰는 숙제지.

- **黄砂** 황사

> 예 黄砂のせいで、10メートル前も見えないわ。
>
> 今日は外出を控えた方がよさそうだなあ。

황사 탓에 10미터 앞도 안 보여.

오늘은 외출을 자제하는 게 좋겠군.

- **応接室** 응접실

> 예 たばこが吸える所はありませんか。
>
> たばこならあちらの応接室で吸えますよ。

담배를 피울 수 있는 곳은 없나요?

담배라면 저쪽에 있는 응접실에서 피울 수 있어요.

Track 4-06 🎧

01 上野さんはどんな人ですか。

(A) 窓のそばに立って眼鏡をかけている人

(B) 窓のそばに立って本を読んでいる人

(C) 窓のそばに座って眼鏡をかけている人

(D) 窓のそばに立って外を見ながら電話をしている人

02 明日はどんな日ですか。

(A) テストがある日

(B) 遠足に行く日

(C) 運動会がある日

(D) 家で勉強する日

03 財布は今どこにありますか。

(A) 玄関にある上着のポケットの中

(B) 車の中

(C) 鞄の中

(D) 玄関にあるズボンのポケットの中

04 松井社長があまり食べない食べ物はどれですか。

(A) さしみ

(B) 牛肉

(C) 豚肉

(D) サラダ

05 今の季節はいつですか。

(A) 春

(B) 夏

(C) 秋

(D) 冬

06 今週の天気はどうですか。

(A) 雨

(B) 晴れ

(C) 雪

(D) 曇り

07 二人の会話の内容と合っているものはどれですか。

(A) 二人は美味しい飲み屋の店先で待っている。

(B) 二人が話している店は普通は空いているそうだ。

(C) 二人が話している店は最近客足が遠退いてしまった。

(D) 二人が入ろうとする店は美味しい料理屋として知られている。

08 女の人の肌が赤くなってかゆい理由は何ですか。

(A) 食べ物が当たったから

(B) 体調が急に悪くなったから

(C) 化粧品が肌に合わなかったから

(D) はっきりした原因はまだわからない。

성별에 따른 의견 및 행동 구분

성별에 따른 의견 및 행동 구분 문제는 매 시험 평균 네 문제 정도 출제되고 있는 부분으로 60번대에 주로 출제된다. 이 유형의 문제들은 「男の人はこれから何をしますか。(남자는 이제부터 무엇을 합니까?)」, 「女の人はどうしますか。(여자는 어떻게 합니까?)」, 「女の人の考えとして正しいものはどれですか。(여자의 생각으로서 올바른 것은 어느 것입니까?)」, 「二人はこれからどうしますか。(두 사람은 이제부터 어떻게 합니까?)」 등의 형태로 출제된다. 실제 시험을 분석해 보면 성별을 바꿔서 제시하는 선택지가 출제되므로 일단 문제 부분에서 묻는 성별이 남자인지 여자인지, 아니면 두 사람 모두인지 성별부터 확실하게 파악해 두어야 한다. 성별을 확실하게 파악했다면 그 다음으로 두 사람의 의견이나 앞으로 할 행동 등을 잘 들으면 되는데 다른 유형과 마찬가지로 이 유형도 뒷부분에서 정답이 나오는 경우가 상당히 많으므로 끝까지 잘 듣고 정답을 고르도록 하자.

출제 유형	주의해야 될 요건	관련 어휘 & 표현
성별에 따른 의견 및 행동 구분	· 문제 문장의 성별을 확실하게 기억해 두고 들을 것 · 선택지에 성별을 바꿔서 나오는 경우가 많으므로 문제 문장의 성별과 일치 유무를 따져 보고 정답을 고를 것 · 앞부분보다는 뒷부분 대화에서 정답이 나오는 경우가 많으므로 끝까지 잘 듣고 정답을 고를 것	· 用意 준비 · 凍える 얼다 · かじる 조금 알다 · 煽てる 치켜세우다 · ひいきする 편애하다 · ～に足る ～하기에 충분한

Track 4-07

01　女の人はどうしますか。

(A)　男の人に雑誌を貸してもらう。
(B)　男の人に雑誌を返す。
(C)　男の人に雑誌を貸してあげる。
(D)　男の人に自分の雑誌を売る。

02　男の人はどうしますか。

(A)　今すぐ松田さんに電話をする。
(B)　今日の午後松田さんに電話をする。
(C)　明日の朝松田さんに電話をする。
(D)　明日の午後松田さんに電話をする。

03　女の人は鞄の何が気に入らないのですか。

(A)　形が気に入らない。
(B)　色が気に入らない。
(C)　重いのが気に入らない。
(D)　持ちにくいのが気に入らない。

04　男の人はどうしますか。

(A)　店で女の人を待つ。
(B)　女の人と一緒に店に行く。
(C)　店まで女の人を案内する。
(D)　会社の前で女の人を待つ。

05　男の人はこれからどうしますか。

(A)　渡辺さんに電話をかける。
(B)　渡辺さんの電話を待つ。
(C)　渡辺さんの会社に行く。
(D)　明日渡辺さんに電話をかける。

06　男の人はどうしてケーキを買おうとしていますか。

(A)　今日限りのケーキだから
(B)　値段は高くても味がとてもいいから
(C)　普通の店より値段が半分以下だから
(D)　めったに見られないケーキで、妻が喜びそうだから

07　男の人はこれから何をしますか。

(A)　続けて書類を作成する。
(B)　続けて書類を検討する。
(C)　女の人が頼んだ書類を検討する。
(D)　女の人が頼んだ書類を前田さんに渡す。

08　二人は明日どうしますか。

(A)　予約なしに直接映画を見に行く。
(B)　女の人は明日用事があるから、映画館には行かない。
(C)　男の人は先にチケットを買って女の人と一緒に映画を見に行く。
(D)　女の人はロマンチックな映画なら男の人と映画を見に行くつもりである。

- **遺失物預かり所** 유실물 보관소

  예 財布を落としてしまったみたいんですけど。
  지갑을 잃어 버린 것 같습니다만.

  でしたら、遺失物預かり所にお問い合わせください。
  그렇다면 유실물 보관소에 문의해 주세요.

- **凍える** 얼다

  예 手が凍えて字もろくに書けないわ。
  손이 얼어서 글자도 제대로 쓸 수 없어.

  じゃ、温かい物でも飲もうか。
  그럼 따뜻한 거라도 마실까?

- **狂う** 틀어지다 · 어긋나다

  예 今度の連休には家族と過ごすつもりだったけれ
  ど、急用ができて予定が狂ってしまったわ。
  이번 연휴에는 가족과 함께 지낼 생각이었는데 급한
  볼일이 생겨 예정이 틀어져 버렸어.

  それは残念だったね。
  그거 안됐네.

- **花冷え** 꽃샘추위

  예 明日から花冷えだそうよ。厚着をして出かけてね。
  내일부터 꽃샘추위라고 해. 따뜻하게 입고 나가.

  うん、わかった。
  응, 알았어.

- **用意** 준비

  예 今メモ、できますか。
  지금 메모 가능한가요?

  書く物を用意いたしますので、少々お待ちください。
  쓸 걸 준비할 테니까 잠시 기다려 주세요.

- **放置** 방치

  예 駅前に放置されている自転車、何とかならないの
  かしら。
  역 앞에 방치된 자전거, 어떻게 안 되는 걸까?

  もうちょっと厳しく取り締まってほしいよなあ。
  좀 더 엄하게 단속했으면 좋겠어.

- **話がまとまらない** 이야기가 결말이 나지 않다

  예 昨日の交渉はどうでしたか。
  어제 교섭은 어땠나요?

  3時間も話し合ったのに、なかなか話がまとまらな
  くて…。
  3시간이나 서로 협의를 했지만 좀처럼 이야기가
  결말이 나지 않아서…….

- **安物買いの銭失い** 싼 게 비지떡

  예 昨日買った鞄はどう?
  어제 산 가방은 어때?

  質があんまり…。本当に安物買いの銭失いだったよ。
  질이 그다지……. 정말로 싼 게 비지떡이었어.

156

- **濡れる** 젖다

  예 コーヒーをこぼしちゃったわ。　　커피를 엎질러 버렸어.
  大丈夫ですか。書類は濡れていませんか。　괜찮아요? 서류는 젖지 않았나요?

- **胸を打たれる** 감동을 받다

  예 この歌のサビの部分、本当に胸を打たれたわ。　이 노래의 클라이맥스 부분, 정말로 감동을 받았어.
  そう? 僕も聞いてみたいね。　그래? 나도 들어 보고 싶군.

- **酔う** 취하다

  예 私ってビール一杯ですぐ酔ってしまうの。　난 맥주 한 잔으로 바로 취해 버려.
  本当に? そうは見えないけど。　정말? 그렇게는 안 보이는데.

- **ぴりぴり** 신경이 과민해진 모양

  예 選手たちはみんなぴりぴりしてるね。　선수들은 모두 신경이 과민해져 있네.
  無理もないよ。もうすぐ決勝戦が始まるからなあ。　무리도 아니지. 이제 곧 결승전이 시작되니까.

- **念のため** 만약을 위해

  예 念のため、数字の部分だけも一度確認してみましょうか。　만약을 위해 숫자 부분만 다시 한 번 확인해 볼까요?
  ええ、そうした方がよさそうですね。　예, 그렇게 하는 게 좋겠어요.

- **かじる** 조금 알다

  예 鈴木君って本当に字がきれいね。書道でも習ったの。　스즈키 군은 정말로 글씨가 예쁘네. 서예라도 배웠어?
  高校時代にちょっとかじっただけだよ。　고등학교 시절에 잠깐 배운 것뿐이야.

- **煽てる** 치켜세우다

  예 こんなに上手だとは、思いもよりませんでした。　이렇게 능숙하리라고는 생각지도 못했어요.
  そんなに煽てないでください。　그렇게 치켜세우지 마세요.

- **しっかりしている** 야무지다

  예 こんなことまでできるとは、意外だわ。　이런 것까지 가능하다니 의외야.
  うん、見かけによらず、しっかりしているなあ。　응, 겉보기와는 달리 야무지군.

- **盛り上がる** 분위기가 고조되다

例 昨日のコンパ、どうでしたか。盛り上がりましたか。　　어제 뒷풀이, 어땠나요? 분위기가 고조되었나요?

ええ、本当に楽しいコンパでしたよ。　　네, 정말로 즐거운 뒷풀이였어요.

- **ひいきする** 편애하다

例 うちの母っていつも妹だけひいきするのよ。　　우리 엄마는 항상 여동생만 편애해.

そんなことないと思うよ。　　그렇지 않아.

- **吹き替え** 더빙

例 映画ってやっぱり吹き替えよりは字幕の方が感動的じゃない。　　영화는 역시 더빙보다 자막 쪽이 감동적이지 않아?

そうかな。僕は吹き替えの方がいいけど。　　그런가? 난 더빙 쪽이 좋은데.

- **梱包** 포장

例 これ、壊れたりはしませんか。　　이거 부서지거나 하지 않나요?

梱包には十分な注意を払っておりますので、ご心配なさらなくてもけっこうです。　　포장에는 충분한 주의를 기울이고 있으니까 걱정하지 않으셔도 됩니다.

- **～に足る** ～하기에 충분한

例 彼なら今度の仕事を任せるに足る人物だと思います。　　그러면 이번 일을 맡기기에 충분한 인물이라고 생각해요.

じゃ、君の話を信じて任せてみようか。　　그럼 자네 이야기를 믿고 맡겨 볼까?

- **おかしい** 이상하다

例 おかしいわね。何回やってみても、文字の入力ができないわ。　　이상하네. 몇 번 해 봐도 문자 입력이 안 돼.

もしかしてコードが抜けているんじゃない。　　혹시 코드가 빠져 있는 거 아냐?

- **胡麻をする** 아부하다

例 彼って上司に胡麻ばかりすってるね。　　그는 상사에게 아부만 하고 있네.

うん、だからみんなに嫌われているんだよ。　　응, 그래서 모두에게 미움을 받고 있어.

- **かっとなる** 벌컥 화를 내다

例 彼ともめてしまったわ。　　그랑 옥신각신하고 말았어.

またちょっとしたことですぐかっとなったんだろう。　　또 사소한 일로 바로 벌컥 화를 냈지?

Track 4-08 🎧

01 女の人はどうしてコンサートに行けないのですか。

(A) 仕事があるから
(B) 旅行に行くから
(C) あまり行きたくないから
(D) 友達の結婚式があるから

02 男の人の考えとして正しいものはどれですか。

(A) 今すぐ修理専門店に出した方がいい。
(B) もう直せないから、諦めた方がいい。
(C) 武田君なら喜んで直してくれるはずだ。
(D) 自分でも十分に直せるから、心配しなくてもいい。

03 女の人は明日のドライブをどうしますか。

(A) みんなと一緒に行く。
(B) 遠くても一緒に行く。
(C) 近いところなら一緒に行く。
(D) すぐ車に酔うから、行かない。

04 女の人はどうすることにしましたか。

(A) 約束通り木曜日小野さんに会う。
(B) 約束通り木曜日木下さんに会う。
(C) 小野さんとの約束を来週に後回しする。
(D) 木下さんとの約束を来週に後回しする。

05 男の人はジョンさんとの食事をどうすることにしましたか。

(A) いつもの店ですることにした。
(B) 日本料理専門店ですることにした。
(C) ジョンさんに聞いてみてから決めることにした。
(D) ステーキを食べてから日本料理を食べることにした。

06 今朝、男の人は何をしましたか。

(A) 薬屋に行った。
(B) 家で休んでいた。
(C) 病院に行った。
(D) 会社に行って仕事をした。

07 二人は今度の会議をどうすることにしましたか。

(A) 座らないでやる。
(B) 朝からゆっくりやる。
(C) 食事をしながらやる。
(D) 夜お酒を飲みながらやる。

08 女の人の考えとして正しいものはどれですか。

(A) 接客態度を改善してほしい。
(B) 窓口の受付時間を延してほしい。
(C) 待たされる時間を短くしてほしい。
(D) サービスの質を上げてほしい。

업무 및 비즈니스

 한눈에 들여다보기

    JPT라는 시험 자체가 실용적인 일본어 능력을 측정하기 위한 시험인 만큼 업무 및 비즈니스 관련 문제들은 각 PART에서 빠짐없이 출제되고 있다. 특히 PART 3 회화문에서는 두 사람의 대화를 통해 각종 표현에 대한 이해나 문제 해결 방법을 묻는 문제로 출제되는데 이 PART를 공략하기 위해서는 평소에 들어 보기 힘든 비즈니스 용어를 여러 문제를 통해 접해 둘 필요가 있다.

    이 PART의 문제는 크게 나누어 업무와 관련된 화제에 대한 이해, 문제 해결 방법, 종합적인 추론 문제로 나눌 수 있다. 우선 업무와 관련된 화제에 대한 이해를 묻는 문제는 대체적으로 첫 번째 문장에서 어떤 화제가 등장한다. 그 다음 대화에서 화제에 대한 동의 혹은 반대 의견을 제시하는 형식으로 대화가 진행되는데, 두 사람이 나누는 화제 내용과 함께 두 사람의 입장 차이도 확실하게 정리해 둘 필요가 있다. 주로「〜について男の人はどう思っていますか。(〜에 대해서 남자는 어떻게 생각하고 있습니까?)」라는 식의 문제가 자주 출제되므로 이런 대화문을 집중적으로 연습해 두어야 한다.

    다음으로 문제 해결 방법을 묻는 문제는 말 그대로 두 사람의 대화에서 등장하는 문제를 어떤 식으로 해결해 갈 것인가를 묻는 문제로 두 사람의 입장 차이와 함께 해결 방법으로 제시된 사항을 성별에 따라 유심히 들어야한다.

    마지막으로 종합적인 추론 문제는 경제 관련 화제나 회사의 전망 등 어떤 화제에 대한 두 사람의 대화를 듣고 전체 내용을 종합·추론하여 결론을 도출해 내는 문제이다. 이 유형에서는 사실 확인 여부를 묻는 경우가 많으므로 미리 선택지를 읽어 두고 대화에 나올 내용을 어느 정도 유추한 다음에 들어야 문제 푸는 시간을 줄일 수 있고 실수 없이 정답을 고를 수 있다.

출제 유형	주의해야 될 요건	관련 어휘 & 표현
업무 및 비즈니스	·어떤 화제에 대한 이해를 묻는 문제는 두 사람의 의견 일치나 입장 차이를 확실하게 정리해 둘 것 ·문제 해결 방법을 묻는 문제는 해결 방법으로 제시된 것을 성별에 따라 주의해서 들을 것 ·종합적인 추론 문제는 미리 문제를 읽어 두어 나올 만한 대화를 어느 정도 예측하고 전체 내용을 종합하는 연습을 많이 해 둘 것	·確認 확인 ·アポ 약속 ·話し合い 교섭 ·折り合い 타협점 ·青い 미숙하다 ·さっぱり 형편없는 모양

Track 4-09 🎧

01 二人は荷物をどうやって運びますか。

(A) 会社の車2台で運ぶ。
(B) 女の人の車だけで運ぶ。
(C) 会社の車1台と男の人の車で運ぶ。
(D) 会社の車1台と女の人の車で運ぶ。

02 二人の会話の内容と合っているものはどれですか。

(A) 男の人は中山さんに電話をかけた。
(B) 明日の約束に変更はないそうだ。
(C) 中山さんから明日の約束の時間を変更してほしいという電話があった。
(D) 中山さんから明日の約束の日付を変更してほしいという電話があった。

03 二人の会話の内容と合っていないものはどれですか。

(A) 女の人の仕事はあまり難しくないようだ。
(B) 今日大阪支店から木村さんがここに来る。
(C) 女の人は水曜日から名古屋で仕事をすることになった。
(D) 木村さんがやる仕事はとても難しくてすぐにはできない。

04 前の課長はどんな人でしたか。

(A) とてもわがままな人
(B) 真面目で仕事熱心な人
(C) 部下の欠点ばかり探す人
(D) 部下の能力を伸ばしてくれる人

05 女の人の考えとして正しいものはどれですか。

(A) お金を使ってでも効果のある研修をやるべきだ。
(B) 予算をオーバーしながら研修をすることはない。

(C) 研修の費用は安ければ安いほどいいと言える。
(D) 予算の問題もあるから、研修はなるべく控えるべきだ。

06 二人は社長にどんなふうに言いますか。

(A) 急な日程変更は無理がある。
(B) 日程の変更はいつでも可能だ。
(C) 今の段階では日程を変更せざるを得ない。
(D) 現状からみて日程を変更しても意味がない。

07 二人の会話の内容と合っているものはどれですか。

(A) 他の会社はおでんに興味がないようだ。
(B) 二人の会社ではおでんが主力商品のようだ。
(C) 男の人は商品開発チームから商品管理課に移動した。
(D) 男の人は今の状況なら商品の売れ行きはもう安心してもいいと思っている。

08 二人の会話の内容と合っているものはどれですか。

(A) 男の人は女の人の意見に反対している。
(B) 女の人は山田さんの企画をとてもよかったと思っている。
(C) 男の人は山田さんの企画はアイディア自体が悪かったと思っている。
(D) 女の人は山田さんの企画は会社の現状を考えない企画だと思っている。

・さっぱり 형편없는 모양

예　最近、どうですか。商売はうまくいっていますか。　최근 어때요? 장사는 잘 되나요?

いいえ、さっぱりですよ。　아니요, 형편없어요.

・席を外す 자리를 비우다

예　山田部長、いらっしゃいますか。　야마다 부장님, 계신가요?

あいにく、ただ今席を外しておりますが。　공교롭게도 지금 자리를 비웠습니다만.

・見送る 보류하다

예　部長の都合により会議は来週に見送られたそうよ。　부장님 사정으로 회의는 다음 주로 연기되었다고 해.

えっ? 僕は初耳だけど。　뭐? 난 처음 듣는 얘기인데.

・話し合い 의논 · 교섭

예　日本商社との話し合いがあってお先に失礼します。　니혼상사와의 교섭이 있어서 먼저 실례할게요.

はい、頑張ってください。　예, 분발해 주세요.

・検討 검토

예　申し訳ありませんが、もう一度検討していただけないでしょうか。　죄송하지만 다시 한 번 검토해 주실 수 없을까요?

では、再度検討して送らせていただきます。　그럼 다시 검토하고 보내드릴게요.

・倒産 도산

예　例の会社、とうとう倒産したそうですね。　예의 회사, 결국 도산했다고 하더군요.

そうですか。資金調達がうまくいかなかったんでしょうか。　그래요? 지금조달이 잘 되지 않았던 걸까요?

・実行 실행

예　部長の許可なしには実行いたしかねますが。　부장님 허가 없이는 실행하기 힘듭니다만.

そうですか。では改めて部長にお願いしてみます。　그래요? 그럼 재차 부장님께 부탁해 볼게요.

・はしごする 여기 저기 돌아다니며 술을 마시다

예　昨日もはしごしてしまったわ。　어제도 여기 저기 돌아다니며 술을 마셨어.

えっ? また? 二日連続で大丈夫?　뭐? 또 그랬어? 이틀 연속으로 괜찮아?

162

- **約束** 약속

例 鈴木部長にお目にかかりたいんですが。
恐れ入りますが、お約束は頂いておりますでしょうか。

스즈키 부장님을 만나 뵙고 싶습니다만.

죄송한데 약속은 하셨나요?

- **問い合わせる** 문의하다

例 明日の話し合い、問い合わせてみなくてもいいわね。
はい、先ほど私がもう一度確認させていただきました。

내일 협의, 문의해 보지 않아도 되지?

예, 조금 전에 제가 다시 한 번 확인했습니다.

- **青い** 미숙하다

例 鈴木君ってまだ青いところが多いよね。
うん、入社して2年も経っているのに、ちょっと情けないなあ。

스즈키 군은 아직 미숙한 점이 많아.

응, 입사한지 2년이나 지났는데도 조금 한심하군.

- **折り合い** 타협점

例 今度の契約、どうしても折り合いがつかなくて…。
うちとしてもこれ以上譲るわけにはいかないから、もっと頑張ってみろよ。

이번 계약, 도저히 타협점을 찾을 수 없어서……

우리로서도 이 이상 양보할 수는 없으니까 좀 더 분발해 봐.

- **納期** 납기

例 たいへん申し訳ありませんが、納期期限を延ばしていただけないでしょうか。
こちらも色々と事情がありまして…。

대단히 죄송한데 납기기한을 연장해 주실 수는 없을까요?

저희도 여러 가지로 사정이 있어서……

- **言付け** 전언・전하는 말

例 お言付けはございませんか。
では、電話が来たことだけお伝えください。

전하실 말씀은 없으신가요?

그럼 전화가 왔었다고만 전해 주세요.

- **体が持たない** 몸이 당해내지 못하다

例 そんなに働かされては体が持たないわよ。
わかってはいるんだけど、なかなか仕事が減らないなあ。

그렇게 일만 해서는 몸이 견뎌내질 못해.

알고는 있지만 좀처럼 일이 줄질 않네.

- **社運** 사운・회사의 운명

例 我が社は今度の新製品に社運をかけています。
そうですか。頑張ってください。

저희 회사는 이번 신제품에 사운을 걸고 있어요.

그래요? 열심히 하세요.

- **注ぐ** 쏟아 붓다

  例 今回だけは成功すると思ったのに…。
  莫大な資金を注いだのに、結果がよくなくて残念ですね。

  이번만은 성공할 거라고 생각했었는데…….

  막대한 자금을 쏟아 부었는데도 결과가 좋지 않아서 유감이군요.

- **拡充** 확충

  例 新しい設備の拡充で、生産性がアップしました。
  おめでとうございます。資金調達で苦労した甲斐がありましたね。

  새 설비 확충으로 생산성이 향상되었어요.

  축하드려요. 자금조달 때문에 고생한 보람이 있었네요.

- **先陣を切る** 선두에 서다

  例 この機械を導入すればわが社が先陣を切ってこの製品を商品化できますよ。
  でも、値段が高すぎてすぐにはできないと思いますが。

  이 기계를 도입하면 우리 회사가 선두에 서서 이 제품을 상품화할 수 있어요.

  하지만 가격이 너무 비싸서 바로는 불가능하다고 생각합니다만.

- **ストレスに苛まれる** 스트레스에 시달리다

  例 うちの課長って業務が増えて毎日ストレスに苛まれているそうよ。
  突然部長が辞めてしまったから、大変だろうなあ。

  우리 과장님 업무가 늘어서 매일 스트레스에 시달리고 있다고 해.

  갑자기 부장님이 그만둬 버려서 힘들 거야.

- **見積書** 견적서

  例 例の見積書はできたの。
  それが他の仕事があってまだできておりませんが。

  예의 견적서는 다 했어?

  그게 다른 일이 있어서 아직 완성하지 못했습니다만.

- **白紙に戻す** 백지로 돌리다

  例 こうなった以上、計画を白紙に戻すしかありませんね。
  今更そんな…。

  이렇게 된 이상 계획을 백지로 돌릴 수밖에 없겠군요.

  이제 와서 그런…….

- **鬼に鉄棒** 범에게 날개

  例 彼がうちの部署に来たら鬼に鉄棒だろうね。
  うん、本当に助かるよ。

  그가 우리 부서로 오면 범에게 날개일 거야.

  응, 정말 도움이 될 거야.

- **選りすぐり** 엄선

  例 今回のプロジェクト、すごい人が多いわね。
  うん、本当に選りすぐりのメンバーばかりだなあ。

  이번 프로젝트, 광장한 사람이 많네.

  응, 정말 엄선한 멤버뿐이군.

Track 4-10 🎧

01 二人の会社の景気はどうですか。
- (A) 二人ともいい。
- (B) 二人とも悪い。
- (C) 男の人はいいが、女の人は悪い。
- (D) 男の人は悪いが、女の人はいい。

02 中村さんは今どこにいますか。
- (A) 会社にいない。
- (B) 会社にいたが、もう家に帰った。
- (C) 会社にはいるが、今席にはいない。
- (D) 今会社にはいないが、もうすぐ戻る予定だ。

03 今日の会議の場所が変わった理由は何ですか。
- (A) 前の会議が延びているから
- (B) 空いている会議室がなかったから
- (C) 間違いで会議室が重なってしまったから
- (D) 資料の準備がまだ全部終わっていなかったから

04 男の人はどうしてネクタイの方いいと思いましたか。
- (A) 組織の一体感を図れるから
- (B) 安いし、忙しい時簡単にできるから
- (C) ネクタイの色を変えることで個性を表せるから
- (D) ネクタイをしないと服を買う費用がかかるから

05 男の人の考えとして正しいものはどれですか。
- (A) 価格だけは譲りかねる。
- (B) 価格は再交渉の余地がない。
- (C) 価格は先方の条件を呑むしかない。
- (D) 価格は多少譲ってあげてもいい。

06 男の人についての説明の中で、正しくないものはどれですか。
- (A) 新しい職場は家から近い。
- (B) 新しい職場の上司はいい加減な人である。
- (C) 新しい職場の上司は仕事以外のことにも干渉する。
- (D) 新しい職場の仕事は前にやっていた仕事とあまり変わらない。

07 二人の会話の内容と合っていないものはどれですか。
- (A) 会議の名簿作りには意外と時間がかかる。
- (B) 名簿作りに時間がかかるのはいい加減な記入が多いからである。
- (C) 最初から電話で申し込みを受け付けても時間は短縮できない。
- (D) 最初から電話で申し込みを受け付ければ直接聞けるから時間があまりかからない。

08 どうして若い社員は職場に相談に乗ってくれる相手がいないと言っていますか。
- (A) 課長との年の差があって話しにくいから
- (B) 自分がいつも忙しくて相談をする時間がないから
- (C) 課長が若くても、いつも忙しくて相談を受ける余裕がないから
- (D) 部署の雰囲気が悪くて相談をする雰囲気になっていないから

대화 내용에 대한 이해

　대화 내용에 대한 이해를 묻는 문제는 실제 시험에서는 보통 70번 이후에 출제되는 유형인데 두 사람의 대화에 나오는 세부적인 내용까지 잘 들어야하므로 메모는 필수라고 할 수 있다. 이 유형에서는 무엇보다도 질문의 포인트를 정확히 기억해 두어야 한다. 세부적인 내용을 많이 묻는다고는 해도 질문과 관계가 없는 부분은 주의 깊게 듣지 않아도 되므로 대화 내용이 나오기 전에 일단 문제 문장의 내용을 정확하게 파악해 두는 것이 중요하다.

　대화 내용에 대한 이해를 묻는 문제에서 자주 출제되는 질문 형태로는 「～について正しいものはどれですか。(~에 대해서 올바른 것은 어느 것입니까?)」, 「男の人の考えとして正しいものはどれですか。(남자 생각으로서 올바른 것은 어느 것입니까?)」, 「二人の会話の内容と合っているものはどれですか。(두 사람의 대화 내용과 맞는 것은 어느 것입니까?)」, 「二人の会話の内容と合っていないものはどれですか。(두 사람의 대화 내용과 맞지 않는 것은 어느 것입니까?)」 등이 있는데 가장 까다로운 유형은 두 사람의 생각과 맞는 선택지, 혹은 맞지 않는 선택지를 찾는 문제이다. 이런 문제는 성별에 따른 의견이나 내용을 기억하는 것도 필요하지만 두 사람의 생각을 대화를 통해 종합적으로 추론해야 하므로 반드시 메모가 필요한 문제라고 할 수 있다. 따라서 대화의 핵심을 요약하는 연습 및 메모하는 습관을 길러 두도록 하자.

출제 유형	주의해야 될 요건	관련 어휘 & 표현
대화 내용에 대한 이해	· 문제를 미리 읽고 묻는 내용을 정확하게 기억하고 들을 것 · 세부적인 내용을 묻는 경우도 있으므로 문제와 관련된 내용은 꼼꼼히 메모를 할 것 · 선택지가 긴 경우에는 선택지를 보면서 듣고 선택지에서 정답과 오답을 가려낼 것	· 頼む 부탁하다 · 定価 정가 · 言い切る 단언하다 · ます형+かねる 　~하기 힘들다 · ～はともかく 　~은 어쨌든 간에 · ～とは限らない 　~인 것은 아니다

Track 4-11 🎧

01 池田さんについての説明の中で、正しくないものはどれですか。

(A) 変わった人である。
(B) 遠慮深い人である。
(C) 融通が利かない人である。
(D) お土産は絶対もらわない主義である。

02 二人の会話の内容と合っていないものはどれですか。

(A) 男の人は柱や床の作りが安っぽいと思っている。
(B) 男の人は広告に載っていた写真より広いと思っている。
(C) 女の人は広告はあまり信じない方がいいと思っている。
(D) 女の人は景色がいいから、高いのも無理ではないと思っている。

03 二人の会話の内容と合っていないものはどれですか。

(A) 女の人は一人で運動を始めようとしている。
(B) 男の人は二人では運動にならないと思っている。
(C) 女の人は誰かと一緒に運動する方が楽しいと思っている。
(D) 男の人は女の人にこれから甘い物は食べない方がいいと言っている。

04 二人の会話の内容と合っているものはどれですか。

(A) 女の人の夫は語学留学に興味があるそうだ。
(B) 女の人の娘は語学留学に全く興味がないそうだ。
(C) 女の人の夫は語学留学のことを全然知らないようだ。
(D) 女の人は男の人がまた電話してほしいと思っている。

05 男の人は女の人にメールで何を頼みましたか。

(A) 人数の確認を頼んだ。
(B) 研修生の案内を頼んだ。
(C) 場所の手配を頼んだ。
(D) 送別会の司会を頼んだ。

06 男の人の考えとして正しいものはどれですか。

(A) 今度の研修は絶対行きたくない。
(B) 今度の研修は大事だから、行かざるを得ない。
(C) 時事出版の新年会には参加せざるを得ない。
(D) 時事出版の新年会は行かなくても電話さえすればいい。

07 二人の会話の内容と合っていないものはどれですか。

(A) 女の人は使わない時は電気を消してほしいと思っている。
(B) 男の人はすぐ誰かが使うと思って、洗面所の電気を消さなかった。
(C) 女の人は細かいことに気を使わなくても節約はできると思っている。
(D) 男の人は女の人が細かいことにこだわるよりたばこを減らす方が節約になると思っている。

08 二人の会話の内容と合っているものはどれですか。

(A) 最近、ヨーロッパの通貨は強くなる一方だ。
(B) 女の人はセールスの言葉に騙されたと思っている。
(C) これからヨーロッパの通貨は価値が上がるに違いない。
(D) 男の人は個人でも為替で十分利益を上げられると思っている。

・ 頼^{たの}む 부탁하다

예 鈴木君、昨日私が頼んだ報告書、できたの。
　　はい、机の上に置いときました。

> 스즈키 군, 어제 내가 부탁한 보고서, 다 했어?
> 예, 책상 위에 두었습니다.

・ 調査^{ちょうさ} 조사

예 これだけではわからないと思うわ。
　　うん、もう少し調査する必要がありそうだね。

> 이것만으로는 알 수 없다고 생각해.
> 응, 좀 더 조사할 필요가 있을 것 같아.

・ 郵送^{ゆうそう} 우송

예 これで終わりですか。
　　はい、検査結果は後で郵送いたします。

> 이걸로 끝인가요?
> 예, 검사 결과는 나중에 우송해 드리겠습니다.

・ 設^{もう}ける 설치하다 · 만들다

예 うちの部署も休憩時間に対する色々な規定を設けるそうよ。
　　えっ? 何か問題でもあったのかな。

> 우리 부서도 휴식시간에 대한 여러 가지 규정을 만든다고 해.
> 뭐? 뭔가 문제라도 있었던 걸까?

・ 〜恐^{おそ}れがある 〜할 우려가 있다

예 このままでは収益率が急減する恐れがあります。
　　そうだなあ。何か早く手を打たなくちゃ。

> 이 대로라면 수익률이 급감할 우려가 있어요.
> 그렇군. 뭔가 빨리 손을 쓰지 않으면 안 되겠군.

・ 折^おれる 양보하다

예 詰めのところで、どうしても条件が一致しないんです。
　　適当なところでうちも折れるしかないだろうなあ。

> 막판에 조건이 도저히 일치하지 않아요.
> 적당한 선에서 우리도 양보할 수밖에 없겠군.

・ あり得^える 있을 수 있다

예 結果次第では入院もあり得ますか。
　　はい、その可能性もありますね。

> 결과에 따라서는 입원도 있을 수 있나요?
> 예, 그럴 가능성도 있어요.

・ 〜に応^{おう}じて 〜에 따라서

예 成功の秘訣は何でしょうか。
　　何よりも顧客のニーズに応じて商品開発をしたことだと思います。

> 성공 비결은 뭔가요?
> 무엇보다도 고객의 요구에 따라서 상품 개발을 한 것이라고 생각해요.

- **立て替える** 대신 지불하다

例 はい、これ。昨日、立て替えてもらったタクシー代。 자 받아. 어제 대신 지불해준 택시비.

　ゆっくりでもよかったのに。ありがとう。 천천히 줘도 되는데. 고마워.

- **こりごり** 지긋지긋한 모양

例 もう課長の説教はこりごりだわ。 정말 과장님의 설교는 지긋지긋해.

　君のためを思っておっしゃってるんだから、我慢 당신을 생각해서 말씀하시는 거니까 참아.
　してよ。

- **一瀉千里** 일사천리

例 彼が来てからプロジェクトが一瀉千里に進んでい 그가 온 후로 프로젝트가 일사천리로 진행되고 있어.
　るね。

　うん、彼の仕事ぶりには本当に感心しちゃうよ。 응, 그의 일하는 모습에는 정말 감탄해 버려.

- **委ねる** 위임하다

例 今度の仕事、彼に委ねてもいいかしら。 이번 일, 그에게 위임해도 될까?

　几帳面な彼のことだから、問題ないと思うけど。 꼼꼼한 그이니까 문제 없을 거라고 생각하는데.

- **やり手** 수완가

例 新しい部長はどんな方か知ってる? 새 부장님은 어떤 분인지 알고 있어?

　噂によると、かなりのやり手らしいよ。 소문에 의하면 상당한 수완가라고 해.

- **接待** 접대

例 今日も遅くなるの。 오늘도 늦나요?

　ご免、接待があってちょっと遅くなりそうだ。 미안, 접대가 있어서 조금 늦어질 것 같아.

- **さんざん** 몹시 · 실컷

例 報告書に間違いが多くて部長にさんざん叱られたわ。 보고서에 틀린 곳이 많아서 부장님에게 엄청 야단 맞았어.

　昔は僕もそうだったんだよ。あまり気を落とさな 옛날에는 나도 그랬어. 너무 낙담하지 말고 힘내.
　いで頑張ってよ。

- **溜め息を吐く** 한숨을 쉬다

例 どうしたの。溜め息ばかり吐いて。 무슨 일 있어? 한숨만 쉬고.

　最近、ついてないことが多くて…。 요즘 재수 없는 일이 많아서……

- **理不尽** 이치에 맞지 않음

  예 いくら考えてみても部長の話は理不尽だわ。
  아무리 생각해 봐도 부장님의 이야기는 이치에 맞지 않아.

  うん、納得できない場合が多いんだなあ。
  응, 납득할 수 없을 때가 많아.

- **目障り** 눈에 거슬림

  예 彼の生意気な態度、見るに見かねるわ。
  그의 건방진 태도, 차마 볼 수가 없어.

  うん、本当に目障りだなあ。
  응, 정말로 눈에 거슬려.

- **言い切る** 단언하다

  예 彼の方法が最善だとは言い切れないわ。
  그의 방법이 최선이라고는 단언할 수 없어.

  じゃ、他にいい考えでもあるの。
  그럼 그 외에 좋은 생각이라도 있어?

- **동사의 ます형 + かねる** ~하기 힘들다

  예 1年前にここで買った商品なんですけど、直せますか。
  1년 전에 여기에서 산 상품인데 고칠 수 있나요?

  たいへん申し訳ありませんが、1年が過ぎた商品の
  修理はいたしかねますが。
  대단히 죄송하지만 1년이 지난 상품의 수리는
  어렵습니다만.

- **~はさておいて** ~은 제쳐 두고

  예 結果はさておいてとにかくやってみよう。
  결과는 제쳐 두고 어쨌든 해 보자.

  うん、みんな頑張ろう。
  응, 모두 분발하자구.

- **猫の額** 아주 좁음

  예 渡辺君の部屋は広いの。
  와타나베 군의 방은 넓어?

  ううん、猫の額ほど狭いよ。
  아니, 고양이 이마 만큼 좁아.

- **顔に泥を塗る** 얼굴에 먹칠을 하다

  예 今度の出来事で先生の顔に泥を塗ってしまったわ。
  이번 일로 선생님 얼굴에 먹칠을 해 버렸어.

  もう過ぎたことだから、気にしないでよ。
  이미 지나간 일이니까 신경 쓰지 마.

- **三日坊主** 작심삼일

  예 中村君、一昨日から水泳始めたと聞いたけど、もう止めたそうよ。
  나카무라 군, 그저께부터 수영 시작했다고 들었는데 벌써 그만뒀다고 해.

  本当に三日坊主だなあ。
  정말로 작심삼일이군.

Track 4-12 🎧

01 女の人はどうして男の人にお礼をしようとしましたか。

(A) 男の人が吉田さんの頼みを聞いてくれたから
(B) 男の人がノートを貸してくれたと思ったから
(C) 男の人にはいつもお世話になっているから
(D) 男の人のおかげで、吉田さんのノートを借りることができたから

02 中村さんはどうして遅れると言っていますか。

(A) 道が込んでいるから
(B) 朝寝坊をしてしまったから
(C) 会議の時間を間違えたから
(D) 体の調子がよくなかったから

03 眠れない理由として、男の人が言っているものはどれですか。
(A) お酒の飲みすぎ
(B) 長時間の音楽鑑賞
(C) コーヒーの飲みすぎ
(D) 夜中のテレビの視聴

04 二人の会話の内容と合っていないものはどれですか。

(A) 課長は明日人間ドックに入る予定である。
(B) 男の人は無理して仕事をした課長のことをかわいそうだと言っている。
(C) 男の人は社会で認められるためには、無理をしても仕方がないと思っている。
(D) 女の人は毎日仕事に追われたら、体を壊すのも無理がないと思っている。

05 二人の会話の内容と合っていないものはどれですか。

(A) 男の人と田中さんは仲がいい。

(B) 男の人は今度の出張がきつそうだと思っている。
(C) 男の人は田中さんと一緒だと、つい夜遅くまで飲んでしまうそうだ。
(D) 女の人は今度の出張は社運にかかわる出張だから、お酒を飲んでもいいと思っている。

06 二人の会話の内容と合っていないものはどれですか。

(A) 今のままでは生産に限界がある。
(B) 女の人は新しい機械を早期導入すべきだと思っている。
(C) 男の人は新しい機械さえ導入すれば効率を上げられると思っている。
(D) 男の人は新しい機械の導入はすぐには決めかねる問題だと思っている。

07 二人の会話の内容と合っているものはどれですか。

(A) 最近、通り魔事件は減少しつつある。
(B) 男の人は通り魔事件を許される行為だと思っている。
(C) 女の人は昔より自分の人生に対するちゃんとした目的意識を持っている人が増えたと思っている。
(D) 男の人は自分の存在意義を知らない人が多いのは現代社会の病弊だと思っている。

08 二人の会話の内容と合っていないものはどれですか。

(A) 二人の息子は来年小学校へ入るようだ。
(B) 男の人は飲み会をよく断れない性格のようだ。
(C) 女の人は来月から男の人の小遣いを減らそうとしている。
(D) 女の人の言葉からすると、家計は厳しい状況のようだ。

Track 4-13 🎧

Ⅲ．次の会話をよく聞いて、後の問いにもっとも適したものを(A)から(D)の中で一つ
　　選びなさい。

51 肉が安い日はいつですか。

(A) 月曜日
(B) 火曜日
(C) 水曜日
(D) 木曜日

52 今は何時ですか。

(A) 4時5分
(B) 4時10分
(C) 4時15分
(D) 4時20分

53 鈴木さんについて正しいものはどれで
すか。

(A) 白い服を着ている。
(B) 青い服を着ている。
(C) 男の人と同じ会社の人である。
(D) 女の人と違う会社の人である。

54 二人は何を買いに行きますか。

(A) 牛乳
(B) 牛乳と卵
(C) 砂糖と卵
(D) 牛乳と砂糖

55 男の人と女の人はいつ会いますか。

(A) 木曜日
(B) 金曜日
(C) 土曜日
(D) 日曜日

56 女の人は何時間寝ましたか。

(A) 6時間
(B) 6時間半
(C) 7時間
(D) 8時間

57 女の人はこれからどうしますか。

(A) 後ろの窓を閉める。
(B) ストーブを付ける。
(C) クーラーを付ける。
(D) 後ろの窓を開ける。

58 加藤さんはどうしましたか。

(A) 今日出張に行った。
(B) 今日出勤しなかった。
(C) 出勤して仕事をしている。
(D) 体の調子が悪くて帰った。

59 男の人は来週からの夏休みに何をしますか。

(A) 山に登る。
(B) 海へ泳ぎに行く。
(C) 家で勉強をする。
(D) 子供と一緒に遊園地に行く。

60 お年寄りがバスをよく利用する理由は何ですか。

(A) お年寄りは足が弱いから
(B) バスは料金が安いから
(C) 電車や地下鉄は込むから
(D) 電車や地下鉄より速いから

61 二人が一番最後にすることは何ですか。

(A) 食事をすること
(B) デパートで買い物をすること
(C) 駅の前で会うこと
(D) 映画館に行くこと

62 女の人はこれからどうしますか。

(A) 一人で会議の用意をする。
(B) 鈴木さんの代わりに会議の用意をする。
(C) 鈴木さんを手伝いに行く。
(D) 鈴木さんが会議の用意を終えるのを待つ。

63 男の人は以前どこに住んでいましたか。

(A) 山小屋
(B) 都市の住宅街
(C) 静かな田舎の家
(D) 海の近くの小さい家

64 男の人の首が疲れた理由は何ですか。

(A) 家で何時間も勉強したから
(B) ずっと立って作業をしていたから
(C) カラオケボックスで何時間も歌を歌ったから
(D) 映画館の一番前の列に座って映画を見たから

65 男の人が眠そうに見える理由は何ですか。

(A) 昨夜とても暑かったから
(B) 試験勉強のため徹夜したから
(C) 夜遅くまでテレビを見たから
(D) 夜遅くまで友達とお酒を飲んだから

66 会話の内容と合っているものはどれですか。

(A) 男の人はズボンのサイズが合わなかった。
(B) 男の人はズボンの色が気に入らなかった。
(C) 店にあるズボンの種類が少なかった。
(D) 店員の接客態度が良くなかった。

67 二人が心配していることは何ですか。

(A) 就職せずぶらぶらしている人が増えていること

(B) 自分の夢を追い求める若者が減っていること

(C) 若者が生活の安定ばかり求めていること

(D) 教育に色々問題があること

68 男の人はどのような市民運動をしていますか。

(A) 燃えるごみのリサイクル運動

(B) 空気をきれいにしようと呼び掛ける運動

(C) ごみの分別収集を呼び掛ける運動

(D) 川をきれいにしようと呼び掛ける運動

69 テレビの通信販売について男の人はどう思っていますか。

(A) 何とも言えない。

(B) 全く信じられない。

(C) 信用できるので、買ってもかまわない。

(D) 買う前によく考えてから買った方がいい。

70 女の人は何が心配ですか。

(A) 息子がまだ試験に関心がないこと

(B) 息子がまた試験に落ちたこと

(C) 息子の健康が悪くなったこと

(D) 息子が志望する大学の競争率が高いこと

71 女の人はどうして外国の車は日本で運転しにくいと思っていますか。

(A) 運転席が日本と反対だから

(B) 日本の車よりよく故障するから

(C) 日本の車より値段が高いから

(D) 日本の車より乗り心地がよくないから

72 女の人がピアノを弾けるようになったきっかけは何ですか。

(A) 音楽に興味を持つようになったから

(B) 母が厳しく練習させたから

(C) 学校の授業で習ったから

(D) 子供の時からずっと習ってきたから

73 男の人は何に気を付けなければいけないと言っていますか。

(A) お客様との話し方

(B) 話し合う時の時間のかけすぎ

(C) 専門的なことを易しい言葉で説明すること

(D) いつもお客様の立場で何かを考えること

74 来週の木曜日、女の人はどうしますか。

(A) 男の人と一緒に会議に出る。

(B) 予定通り大阪の支店に行く。

(C) 上田さんと一緒に会議に出る。

(D) 会議も出張も行かない。

75 女の人は相手の会社を訪ねる時には何に注意するようにと言っていますか。

(A) 相手の会社までの道
(B) 約束の日と時間、場所の確認
(C) 一緒に行く人たちの人数
(D) 約束の時間の20分前に訪問先に着くこと

76 話し合いはどうでしたか。

(A) 思っていた通りうまくいった。
(B) 十分な協議をするのに時間が足りなかった。
(C) 予想していたより早く終わった。
(D) なかなか話がまとまらなかった。

77 男の人はどうして困っていますか。

(A) 部長の出張の日が変わったから
(B) 営業の人との話が変わったから
(C) 明日急に出張に行くことになったから
(D) 同じ時間に会議が重なってしまったから

78 今回の健康診断について正しくないものはどれですか。

(A) 六日間実施する。
(B) 追加で健康診断は行わない。
(C) 各自で実施した人は会社からお金がもらえない。
(D) 期間中に受けられなかった人は各自で実施する。

79 男の人は上司への贈り物をどんなふうに贈るのがいいと言っていますか。

(A) 多少形式的でも贈るのがいい。
(B) 少しぐらいの下心は気にしなくてもいい。
(C) たまには義理で仕方なく贈るのも必要だ。
(D) お世話になっている人にお礼の印として贈るのはいい。

80 二人が話している会社について正しくないものはどれですか。

(A) これを利用すると再就職と転職がしにくくなる。
(B) ここでは企業からの求人募集を紹介している。
(C) 再就職や転職を支援する会社である。
(D) 名前を登録しておくと、企業を紹介してくれる。

Part *4*

설명문

part 4

설명문

인물 소개 및 화자의 경험

　PART 4의 처음 부분에 주로 출제되는 인물 소개 및 화자의 경험을 묻는 문제는 매 시험 2~3개 정도의 설명문이 출제되고 있으므로 잘 정리해 두어야 한다. 이 유형은 생각을 요하는 문제보다는 주어진 정보만 정확하게 파악하면 정답이 쉽게 나오는 문제가 대부분이므로 일단 묻는 내용이 무엇인지 확실하게 기억해 둘 필요가 있다. 그리고 질문에 등장하는 핵심 어구가 설명문에 그대로 나오는 경우가 많으므로 문제에서 포인트가 되는 내용은 표시를 해 두고 듣도록 하자.

인물 소개 인물의 특징 및 생활 소개는 인물에 대한 정보 파악과 함께 평소의 습관, 자주 가는 곳, 자주 하는 행동, 생활의 변화 등을 묻는 경우가 많다. 그리고 이 유형은 설명문에 등장하는 한 인물에 대해서 다양한 정보가 제시되므로 문제를 통해 무엇을 들어야 할지 기억한 다음에 필요한 부분만 가려서 듣도록 하자.

화자의 경험 인물 소개와 마찬가지로 PART 4 설명문의 앞부분에 출제되는 화자의 경험 관련 문제는 일상생활에서의 경험, 사물이나 어떤 대상에 대한 새로운 발견, 여행지에서의 경험 등이 출제되는데 일상생활에서의 경험이 가장 빈도 높게 출제되고 있다. 다른 유형도 마찬가지지만 화자의 경험은 대체적으로 문제 순서에 따라 내용이 나오므로 문제 부분을 미리 읽어 두고 순서까지도 기억해 두는 것이 좋다. 따라서 이 유형에서는 한 문제를 놓치더라도 다음 문제에 집중하면 충분히 나머지 문제는 다 맞출 수 있으므로 놓친 문제에 미련을 갖지 말고 다음 문제에 집중하도록 하자.

출제 유형	주의해야 될 요건	관련 어휘 & 표현
인물 소개 및 화자의 경험	· 인물 소개의 설명문은 인물의 행위나 업적 등을 묻는 문제로 자주 출제되므로 이 유형에 익숙해질 것 · 화자의 경험을 묻는 문제는 시간이나 날짜, 함께 간 인원수, 앞으로의 예정 등을 유심히 들을 것 · 인물 소개 및 화자의 경험을 묻는 문제는 대체적으로 문제 순서에 따라 내용이 나오므로 문제 부분을 미리 읽고 순서를 기억해 둘 것	· 不安 불안 · 披露宴 피로연 · 励ます 격려하다 · 勇気を出す 용기를 내다

Track 5-01 🎧

01 この人と和夫さんはどこで初めて会いましたか。

(A) 高校
(B) 式場
(C) ハワイ
(D) 友達の結婚式の披露宴

02 この人はどうして和夫さんのあいさつに慌ててしまいましたか。

(A) 高校時代に好きな人だったから
(B) 全然会ったことのない人だと思ったから
(C) 自分が先にあいさつをしようと思っていたから
(D) 考え事をしながら一人でぼうっとしていたから

03 この人と和夫さんは何年間交際しましたか。

(A) 1年間
(B) 2年間
(C) 3年間
(D) 4年間

04 この人の新しい家についての説明の中で、正しくないものはどれですか。

(A) 海のそばにある。
(B) 駅からはとても近い。
(C) 空港からは遠くて不便である。
(D) 空気がとてもきれいなところである。

05 この人の新しい家の近くでは何が美味しいですか。

(A) 魚
(B) 肉
(C) 野菜
(D) 果物

06 この人の東京の友達や両親が遊びに来る理由はどれですか。

(A) 釣りに行くために
(B) 海に泳ぎに行くために
(C) 美味しい魚を食べるために
(D) きれいな空気を吸うために

07 この人の東京の友達や両親が遊びに来る時、何で空港まで行きますか。

(A) 徒歩
(B) 車
(C) バス
(D) 電車

08 この人が今回のクラス会でびっくりし
たのはどうしてですか。

(A) ほとんどの人が結婚していたから
(B) 参加者があまりにも少なかったから
(C) 親しい友達がみんな出席したから
(D) 結婚した人が一人もいなかったから

09 先月結婚した人は誰ですか。

(A) 香さん
(B) 巴さん
(C) 鈴木さん
(D) 道子さん

10 前回のクラス会ではどんな話題が多か
ったですか。

(A) 結婚に関する話題
(B) 就職問題に関する話題
(C) 子供の教育に関する話題
(D) 仕事やファッションに関する話題

11 この人はどうして今回のクラス会が楽
しめませんでしたか。

(A) みんな退屈そうに見えたから
(B) 親しい友達が一人も来なかったから
(C) 結婚していない人が少なかったから
(D) 夫や子供に関する話題が多かった
から

12 この人の母は誰と旅行に行きましたか。

(A) 夫
(B) 母
(C) 娘
(D) 息子

13 この人の母についての説明の中で、正
しいものはどれですか。

(A) 今年で50歳になった。
(B) 仕事を辞めて家で過ごしている。
(C) 服やファッションにはあまり関心
がない。
(D) いつも素敵な服を着ておしゃれを
している。

14 この人が旅行先で最初に驚いたのはど
うしてですか。

(A) アメリカ人がそばを作っていたから
(B) そばの味がとても美味しかったから
(C) アメリカ人観光客がとても多かっ
たから
(D) 大勢のアメリカ人がそばを食べて
いたから

15 この人が旅行先でもっと驚いたのはど
うしてですか。

(A) 母の食欲が旺盛だったから
(B) 母もそばを上手に作れるのを見た
から
(C) 母が流暢に英語でアメリカ人と話
したから
(D) 母がアメリカ人とフランス語で話
したから

・<ruby>会議<rt>かいぎ</rt></ruby> 회의

例 <ruby>昨日<rt>きのう</rt></ruby>、<ruby>営業部<rt>えいぎょうぶ</rt></ruby>の<ruby>会議<rt>かいぎ</rt></ruby>がありました。　어제 영업부 회의가 있었습니다.

・<ruby>楽<rt>たの</rt></ruby>しみにしている 기대하고 있다

例 みんな<ruby>来週<rt>らいしゅう</rt></ruby>の<ruby>旅行<rt>りょこう</rt></ruby>を<ruby>楽<rt>たの</rt></ruby>しみにしています。　모두 다음주 여행을 기대하고 있습니다.

・<ruby>家<rt>いえ</rt></ruby>を<ruby>出<rt>で</rt></ruby>る 집을 나오다

例 <ruby>私<rt>わたし</rt></ruby>は<ruby>毎朝<rt>まいあさ</rt></ruby>6<ruby>時<rt>じ</rt></ruby>に<ruby>家<rt>いえ</rt></ruby>を<ruby>出<rt>で</rt></ruby>ます。　저는 매일 아침 6시에 집을 나옵니다.

・<ruby>不安<rt>ふあん</rt></ruby> 불안

例 <ruby>現在<rt>げんざい</rt></ruby>の<ruby>生活<rt>せいかつ</rt></ruby>に<ruby>不安<rt>ふあん</rt></ruby>を<ruby>感<rt>かん</rt></ruby>じている<ruby>人<rt>ひと</rt></ruby>が75%もいた。　현재의 생활에 불안을 느끼고 있는 사람이 75%나 있었다.

・<ruby>働<rt>はたら</rt></ruby>く 일하다

例 <ruby>中村<rt>なかむら</rt></ruby>さんはレストランで<ruby>働<rt>はたら</rt></ruby>いています。　나카무라 씨는 레스토랑에서 일하고 있습니다.

・<ruby>敢<rt>あ</rt></ruby>えて 굳이

例 <ruby>彼<rt>かれ</rt></ruby>の<ruby>将来<rt>しょうらい</rt></ruby>を<ruby>考<rt>かんが</rt></ruby>えて<ruby>私<rt>わたし</rt></ruby>は<ruby>敢<rt>あ</rt></ruby>えて<ruby>反対<rt>はんたい</rt></ruby>しました。　그의 장래를 생각해 저는 굳이 반대했습니다.

・<ruby>通勤<rt>つうきん</rt></ruby> 통근 · 출퇴근

例 ここに<ruby>引<rt>ひ</rt></ruby>っ<ruby>越<rt>こ</rt></ruby>してから<ruby>通勤<rt>つうきん</rt></ruby><ruby>時間<rt>じかん</rt></ruby>が<ruby>大分<rt>だいぶ</rt></ruby><ruby>短<rt>みじか</rt></ruby>くなりました。　여기로 이사오고 나서 통근시간이 상당히 짧아졌습니다.

・<ruby>平日<rt>へいじつ</rt></ruby> 평일

例 <ruby>平日<rt>へいじつ</rt></ruby>は<ruby>疲<rt>つか</rt></ruby>れているので、あまり<ruby>飲<rt>の</rt></ruby>みに<ruby>行<rt>い</rt></ruby>きません。　평일은 피곤해서 그다지 마시러 가지 않습니다.

・〜と<ruby>一緒<rt>いっしょ</rt></ruby>に 〜와 함께

例 <ruby>昨日<rt>きのう</rt></ruby>、<ruby>公園<rt>こうえん</rt></ruby>で<ruby>友達<rt>ともだち</rt></ruby>と<ruby>一緒<rt>いっしょ</rt></ruby>にサッカーをしました。　어제, 공원에서 친구와 함께 축구를 했습니다.

・<ruby>起<rt>お</rt></ruby>きる 일어나다

例 <ruby>私<rt>わたし</rt></ruby>は<ruby>普通<rt>ふつう</rt></ruby><ruby>朝<rt>あさ</rt></ruby>5<ruby>時<rt>じ</rt></ruby>に<ruby>起<rt>お</rt></ruby>きます。　저는 보통 아침 5시에 일어납니다.

- **計画を立てる** 계획을 세우다

  例 朝、コーヒーを飲みながら一日の計画を立てます。　아침에 커피를 마시면서 하루의 계획을 세웁니다.

- **健康** 건강

  例 今度の出来事で、健康の大切さに気が付きました。　이번 일로 건강의 소중함을 깨달았습니다.

- **癖** 버릇

  例 彼には人の顔をじろじろ見る悪い癖がある。　그에게는 다른 사람의 얼굴을 빤히 쳐다보는 나쁜 버릇이 있다.

- **懐かしい** 그립다

  例 その店から昔よく聞いた懐かしい歌が流れてきました。　그 가게에서 옛날에 자주 들었던 그리운 노래가 흘러 나왔습니다.

- **目が覚める** 잠을 깨다

  例 外がうるさくて5時に目が覚めてしまいました。　밖이 시끄러워서 5시에 잠을 깼습니다.

- **売り切れる** 다 팔리다

  例 申し訳ありませんが、入場券はただ今売り切れております。　죄송합니다만, 입장권은 현재 다 팔렸습니다.

- **和やかだ** 부드럽다 · 온화하다

  例 二人の結婚式は和やか雰囲気の中で行われました。　두 사람의 결혼식은 부드러운 분위기 속에서 열렸습니다.

- **コンビニ** 편의점

  例 家の近くにコンビニがあってとても便利です。　집 근처에 편의점이 있어 아주 편리합니다.

- **ばったり** 뜻밖에 마주치는 모양

  例 昨日、駅の前で昔別れた彼氏にばったり会いました。　어제 역 앞에서 옛날에 헤어졌던 남자친구를 우연히 만났습니다.

- **励ます** 격려하다

  例 先生は落ち込んでいる私達を励ましてくれました。　선생님은 침울해하고 있는 우리들을 격려해 주셨습니다.

- **同い年** 동갑

  예 実は彼女と私は同い年です。　실은 그녀와 저는 동갑입니다.

- **おしゃべり** 잡담 · 수다쟁이

  예 この話はおしゃべりな彼女には話さない方がいいと思う。　이 이야기는 수다쟁이인 그녀에게는 이야기하지 않는 게 좋다고 생각한다.

- **集中** 집중

  예 一階からうるさい音がして勉強に集中できませんでした。　1층에서 시끄러운 소리가 나서 공부에 집중할 수 없었습니다.

- **休みを取る** 쉬다

  예 最近、疲れがたまっているので、明日休みを取ることにした。　최근 피로가 쌓여서 내일 쉬기로 했다.

- **涼しい** 시원하다

  예 扇風機を回してみてもちっとも涼しくならない。　선풍기를 돌려 봐도 조금도 시원해지지 않는다.

- **事情** 사정

  예 彼がそんな行動を取ったのは彼なりの事情があると思った。　그가 그런 행동을 취한 것은 그 나름대로의 사정이 있다고 생각했다.

- **慌てる** 당황하다

  예 その話を聞いて私は慌ててしまいました。　그 이야기를 듣고 나는 당황해 버렸습니다.

- **噂が立つ** 소문이 나다

  예 二人が結婚するという噂が立ちました。　두 사람이 결혼한다는 소문이 났습니다.

- **披露宴** 피로연

  예 彼女とは友達の結婚式の披露宴で初めて会いました。　그녀와는 친구 결혼식 피로연에서 처음 만났습니다.

- **勇気を出す** 용기를 내다

  예 私は勇気を出してもう一度挑戦してみることにしました。　저는 용기를 내어 다시 한 번 도전해 보기로 했습니다.

Track 5-02

01 前の会社についての説明の中で、正しいものはどれですか。

(A) 給料はよかったが、忙しかった。
(B) 給料もよかったし、休みも多かった。
(C) 給料はよくなかったが、休みは多かった。
(D) 給料もよくなかったし、休みも少なかった。

02 今の会社についての説明の中で、正しいものはどれですか。

(A) ほとんど休みが取れない。
(B) 前の会社に比べて給料が大分減った。
(C) 前の会社より通勤時間が長くなった。
(D) 決まった時間に家に帰ることができる。

03 この人はこれから何がしたいと思っていますか。

(A) 本を読んだり運動がしたい。
(B) 楽器を演奏したり運動がしたい。
(C) 旅行に行ったり楽器を習いたい。
(D) 音楽の勉強をしたり楽器を習いたい。

04 この人は来週何をするつもりですか。

(A) 家族みんなで映画館に行くつもりだ。
(B) 子供たちを連れて旅行に行くつもりだ。
(C) 子供たちを連れて遊園地に行くつもりだ。
(D) 何もしないで家でゆっくり過ごすつもりだ。

05 先週、この人は何をしましたか。

(A) 友達と一緒に木村さんの結婚式に出席した。
(B) 友達と一緒に木村さんにあげるプレゼントを作った。
(C) 友達と一緒に木村さんの結婚を祝うパーティーを準備した。
(D) 友達と一緒に木村さんのパーティーに着て行く服を買いに行った。

06 パーティーの参加者は何をしなければならなかったのですか。

(A) 黄色の帽子を被らなければならなかった。
(B) 黄色の入った服を着なければならなかった。
(C) 黄色のプレゼントを用意しなければならなかった。
(D) 木村さんに渡す手紙を書いて来なければならなかった。

07 この人は何を心配しましたか。

(A) 参加者が少なくなるのではないか。
(B) 結婚式までにプレゼントの用意ができるか。
(C) パーティーを木村さんが喜んでくれるか。
(D) 黄色の服ばかりで雰囲気がおかしくなるのではないか。

08 今度のパーティーでどんなことがわか
りましたか。

(A) 服の色を決めるのは間違いだった。
(B) 参加者は料理にはみんなあまり関
　　心がない。
(C) 同じ色の服を着ていると全く知ら
　　ない人とも話しやすくなる。
(D) 同じ服を着ていた人々のため、険
　　悪な雰囲気になった。

09 先週、中村さんが靴を買いにデパート
へ行った理由は何ですか。

(A) 安い靴がほしかったから
(B) 今の靴が古くなったから
(C) 来週から新しい仕事をするから
(D) 今の靴のデザインが気に入らなかっ
　　たから

10 中村さんの新しい仕事はどんな仕事で
すか。

(A) 出張が多い仕事
(B) 残業が多い仕事
(C) ずっと座ってする仕事
(D) ずっと立ってする仕事

11 中村さんがほしかった靴はどんな靴で
すか。

(A) 3千円くらいで靴幅が狭い靴
(B) 5千円くらいで靴幅が狭い靴
(C) 5千円くらいで足が疲れない靴
(D) 7千円くらいで足が疲れない靴

12 結局、中村さんはどんな靴を買いまし
たか。

(A) 3千円の黒い靴
(B) 3千円の茶色の靴
(C) 5千円の黒い靴
(D) 7千円の茶色の靴

13 この人はどうして部長に注意されまし
たか。

(A) 会議中にうとうと寝てしまったから
(B) 会議中にずっと雑談をしていたから
(C) 会議中に他の仕事をやっていたから
(D) 会議中に何も意見を言わなかった
　　から

14 この人はどんな時に眠くなると言って
いますか。

(A) 出席者が少ない時
(B) 議題が難しすぎる時
(C) 多くの人が発言をする時
(D) 自分の意見を言う機会がない時

15 この人は次の会議からはどうしようと
思っていますか。

(A) コーヒーを飲む。
(B) 簡単な運動をする。
(C) 会議の中心になる人の隣に座る。
(D) 会議の中心になる人から離れて座
　　る。

공지 및 안내

　공지 및 안내 관련 설명문은 매 시험 평균 1개 정도의 설명문이 출제되는데 최근 시험에서는 공지보다는 안내문 쪽이 다소 비중 있게 출제되고 있다.

공지 공지문을 제시하고 그에 대한 적절한 설명을 찾는 공지 관련 설명문은 일반적으로 공지 대상을 묻는 문제가 가장 앞부분에 출제되며 그 다음에 공지하는 내용에 대한 세부적인 내용 일치 문제가 출제된다. 그리고 마지막 부분에는 일반적으로 연락 방법이나 대처 방법 등이 나오는데 실제 시험에서는 공지하는 내용만 바뀔 뿐 앞서 설명한 순서와 거의 동일한 패턴으로 출제되므로 문제 유형을 잘 기억해 두도록 하자.

안내 안내와 관련된 설명문도 공지와 마찬가지로 안내하고 있는 대상이 무엇인지부터 정확하게 파악해야 한다. 그리고 세부적인 내용에는 공지문과는 달리 숫자와 통계 자료 등이 등장하는 경우도 있으므로 문제나 선택지에 숫자와 관련된 것이 있으면 미리 확인해 두고 만약 있다면 필요한 부분의 숫자를 메모하면서 들어야 실수가 없다.

　공지 및 안내 관련 설명문은 설명문의 유형 중에서는 가장 출제 빈도가 낮은 데다가 항상 비슷한 패턴으로 출제되므로 평소에 문제 패턴만 잘 기억해 두면 쉽게 정답을 찾을 수 있으므로 충분히 연습해 두도록 하자.

출제 유형	주의해야 될 요건	관련 어휘 & 표현
공지 및 안내	· 공지 관련 설명문은 일반적으로 공지 대상을 묻는 문제가 가장 앞부분에 출제되므로 공지하는 대상을 먼저 파악할 것 · 세부적인 내용 일치 문제는 문제를 미리 읽어 두고 메모를 하면서 내용 일치 여부를 확인할 것 · 안내와 관련된 설명문도 공지와 마찬가지로 안내하고 있는 대상이 무엇인지부터 정확하게 파악할 것 · 안내 관련 설명문은 숫자와 통계 자료 등이 등장하는 경우도 있으므로 문제나 선택지에 숫자와 관련된 것이 있으면 미리 확인해 둘 것	· 到着 도착 · 対象 대상 · 実績 실적 · 目的 목적 · ファックス 팩스 · 申し上げる 말씀드리다

Track 5-03

01 ここはどこですか。

(A) 本屋
(B) 図書館
(C) 映画館
(D) デパート

02 案内放送は何時頃ありましたか。

(A) 3時少し前
(B) 4時少し前
(C) 5時少し前
(D) 6時少し前

03 本の貸し出しは閉館の何分前までできますか。

(A) 30分
(B) 60分
(C) 90分
(D) 120分

04 このケーキ屋に大勢の人が買いに来るようになったきっかけは何ですか。

(A) 普通のケーキよりとても安いから
(B) 独特な形のケーキが多いから
(C) 有名なタレントがテレビで紹介したから
(D) 年中無休24時間営業に変えたから

05 このケーキ屋についての説明の中で、正しくないものはどれですか。

(A) ケーキの値段は少し高い。
(B) 週末には夜遅くになってもケーキが買える。
(C) 店の開く10時前にはもうたくさんの人が並んでいる。
(D) 毎日大抵午後1時頃にはケーキが売り切れてしまう。

06 このケーキ屋の主なお客は誰ですか。

(A) 子供
(B) 女の人
(C) 男の人
(D) 年寄り

07 このケーキ屋に男の人のお客さんが増えた理由は何ですか。

(A) 経済的に負担がないから
(B) 今までのケーキより甘くないから
(C) 甘い物が好きな男の人が増えたから
(D) お土産にケーキを買う男の人が増えたから

08 引っ越した会社についての説明の中で、正しくないものはどれですか。

(A) 駅からもとても近い。
(B) 窓からの眺めはあまりよくない。
(C) 新しくできたビルの25階である。
(D) 近くに色々な店があって便利だ。

09 この人が引っ越した会社で困ったことと思っているのはどれですか。

(A) 社員食堂が無くなってしまったこと
(B) 残業が多くなってしまったこと
(C) 家から会社まで遠くなってしまったこと
(D) 退社時間が遅くなってしまったこと

10 この人は引っ越した会社で最近前よりどんな人が増えたと言っていますか。

(A) 早く出勤する人が前より増えた。
(B) お弁当を持ってくる人が前より増えた。
(C) 近くの店で食事をする人が前より増えた。
(D) お持ち帰り用のお弁当を買ってくる人が前より増えた。

11 ここはどこですか。

(A) 野球場
(B) 競技場
(C) 劇場
(D) 展覧会場

12 ここでしてはいけないことは何ですか。

(A) ビデオで公演を撮ること
(B) 喫煙室でたばこを吸うこと
(C) レストランで写真を撮ること
(D) お手洗いでプログラムを見ること

13 各階にあるものは何ですか。

(A) お手洗いと売店
(B) お手洗いとレストラン
(C) 売店とレストラン
(D) レストランと喫煙室

14 各階の売店で売っているものは何ですか。

(A) 眼鏡
(B) 俳優のブロマイド
(C) 公演のプログラム
(D) 公演に関連するグッズ

- **申し上げる** 말씀드리다

예 お客様にご案内申し上げます。　　　손님 여러분들께 안내 말씀드립니다.

- **申し込む** 신청하다

예 ご希望の方は早めに事務局までお申し込みください。　　　희망하시는 분은 서둘러 사무실에 신청해 주십시오.

- **知らせる** 알려 주다

예 お知らせいたします。まもなく2階の鶴の間にて披露宴が行われます。　　　알려드립니다. 곧 2층의 츠루노마에서 피로연이 거행됩니다.

- **到着** 도착

예 この電車は地下の1番線に到着いたします。　　　이 전철은 지하 1번선에 도착합니다.

- **対象** 대상

예 今回のツアーの対象は小学3年生から5年生までです。　　　이번 투어의 대상은 초등학교 3학년부터 5학년까지입니다.

- **目的** 목적

예 この旅行は一般の旅行では味わえない文化の体験を目的とします。　　　이 여행은 일반 여행에서는 맛볼 수 없는 문화 체험을 목적으로 합니다.

- **ファックス** 팩스

예 資料の請求は電話またはファックスでお願いします。　　　자료 청구는 전화 또는 팩스로 부탁드립니다.

- **各階** 각층

예 ちなみに、トイレはこのビルの各階にございます。　　　참고로 화장실은 이 빌딩의 각층에 있습니다.

- **くれぐれも** 부디

예 くれぐれも時間を間違えないようにお願いいたします。　　　부디 시간을 틀리지 않도록 부탁드리겠습니다.

- **～にて** ～에서

예 今回の講演は大講堂にて行われます。　　　이번 강연은 대강당에서 열립니다.

- **実績** 실적

  [예] この長年の実績がわが社のほこりでございます。　　이 오랜 기간의 실적이 저희 회사의 자랑입니다.

- **来場** 회장에 옴

  [예] お忙しいところ、ご来場いただき、ありがとうございます。　　바쁘실 텐데 회장에 와 주셔서 감사합니다.

- **プログラム** 프로그램

  [예] それでは、本日のプログラムについてご案内いたします。　　그럼 오늘 프로그램에 대해서 안내드리겠습니다.

- **〜だけあって** 〜인 만큼

  [예] フランスで留学しただけあって、彼の料理は最高です。　　프랑스에서 유학했던 만큼 그의 요리는 최고입니다.

- **盛んだ** 활발하다

  [예] 最近、インターネット上の商取引が盛んです。　　최근 인터넷상의 상거래가 활발합니다.

- **規制** 규제

  [예] 今回日本への輸入品に対する規制が緩和されるそうです。　　이번에 일본에 들어오는 수입품에 대한 규제가 완화된다고 합니다.

- **必需品** 필수품

  [예] この頃、若者の必需品はやはり携帯電話です。　　요즘 젊은이들의 필수품은 역시 휴대전화입니다.

- **発表** 발표

  [예] それでは、今期の売り上げを発表させていただきます。　　그럼 이번 분기의 매상을 발표하겠습니다.

- **迫る** 강요하다

  [예] 最近は大学側も厳しい経営を迫られています。　　최근에는 대학측도 혹독한 경영을 강요받고 있습니다.

- **マイペース** 마이 페이스

  [예] どんな仕事であれ、いつもマイペースを維持するのは難しいです。　　어떤 일이든지 마이 페이스를 유지하는 것은 어렵습니다.

· **顔から火が出る** 얼굴이 화끈거리다

예 当時は顔から火が出るほど恥ずかしかったです。　당시에는 얼굴에 불이 날 정도로 부끄러웠습니다.

· **入学試験** 입학시험

예 もうすぐ大学の入学試験が始まります。　이제 곧 대학의 입학시험이 시작됩니다.

· **滞在** 체재

예 こちらに滞在目的をご記入ください。　여기에 체재 목적을 기입해 주십시오.

· **リフォーム** 리폼

예 最近、お住まいをリフォームする方が増えています。　최근 집을 리폼하는 분이 늘고 있습니다.

· **配慮** 배려

예 こちらは車椅子が自由に通れるように配慮いたしました。　이쪽은 휠체어가 자유롭게 통과할 수 있도록 배려했습니다.

· **呼ぶ** 부르다

예 お客様で中村さんという女性を呼んでいただきたいんですが。　손님 중에 나카무라 라는 여성을 불러 주셨으면 합니다만.

· **転送** 전송

예 こちらの資料は後程勤務先に転送させていただきます。　이 자료는 나중에 근무처에 전송해 드리겠습니다.

· **損害** 손해

예 このような場合は、損害賠償が請求できます。　이와 같은 경우 손해배상을 청구할 수 있습니다.

· **運営** 운영

예 これは国が運営しているから、料金も安いです。　이것은 나라가 운영하고 있기 때문에 요금도 쌉니다.

· **避難** 피난

예 避難訓練は明日の午後1時に行われます。　피난 훈련은 내일 오후 1시에 실시됩니다.

Track 5-04 🎧

01 この人が住んでいる町についての説明の中で、正しくないものはどれですか。

(A) 銀行や図書館がない。
(B) 年々人口が増えている。
(C) 人口千人の小さい町である。
(D) 去年高校や病院などがなくなった。

02 移動図書館についての説明の中で、正しいものはどれですか。

(A) 夕方は公園に止まっている。
(B) 午前中は公園に止まっている。
(C) 午前中は小学校に止まっている。
(D) 午後1時には小学校に止まっている。

03 移動図書館が来た時、どんなことができますか。

(A) 誰でも一人5冊まで1週間借りられる。
(B) 子供に限って5冊まで1週間借りられる。
(C) 誰でも一人5冊まで1ヶ月間借りられる。
(D) 子供に限って5冊まで1ヶ月間借りられる。

04 5月からはどんなことができますか。

(A) 家のパソコンで本の注文ができる。
(B) 家のパソコンで古い本を売ることができる。
(C) 家のパソコンで古い本を買うことができる。
(D) 家のパソコンで24時間いつでも本の検索や予約ができる。

05 この旅行の目的は何ですか。

(A) 淡路島の美しい夏の景色を見ること
(B) 冬の淡路島で美味しい海の幸を食べること
(C) プロの写真家に写真の撮り方を指導してもらうこと
(D) 淡路島で自分の気に入った風景を描くこと

06 どんな人が参加できますか。

(A) プロカメラマンになりたい人
(B) カメラは持っていないが、旅行が好きな人
(C) カメラは持っていないが、写真に興味がある人
(D) 旅行と写真に興味があってカメラを持っている人

07 旅行について正しくないものはどれですか。

(A) 募集人数は30名である。
(B) 講師はプロカメラマンにしてもらう。
(C) 会員の旅行代金は6万5千円である。
(D) 一般の人の旅行代金は6万9千円である。

08 この人は何について話していますか。

(A) 性別による運勢
(B) 一ヶ月間の天気予報
(C) 生まれた月による運勢
(D) 生まれた年による運勢

09 この人は1月生まれの人はどんな所を旅行したらいいと言っていますか。

(A) 海より山へ旅行した方がいい。
(B) 海より川へ旅行した方がいい。
(C) 日本より外国を旅行した方がいい。
(D) 外国より日本を旅行した方がいい。

10 この人は1月生まれの人はどんなところで買い物をしたらいいと言っていますか。

(A) よく行く小さな店
(B) よく行く大きな店
(C) 全然行ったことがない小さな店
(D) 全然行ったことがない大きな店

11 この人は1月生まれの人はどんなことをしたら元気になると言っていますか。

(A) 青い服を着る。
(B) ボートに乗る。
(C) 温かい飲み物を飲む。
(D) 赤いバックを持つ。

12 紹介している機械はどのようなものですか。

(A) 携帯電話でテレビが見られる機械
(B) 探している人の現在位置がすぐわかる機械
(C) 一日の出費を正確に計算してくれる機械
(D) よくわからない道を案内してくれる機械

13 この機械を3台購入する場合、いくら払えばいいですか。

(A) 2万7千円
(B) 2万8千円
(C) 2万9千円
(D) 3万円

14 この機械はいなくなった人の居場所をどのように確認してくれますか。

(A) 警察に連絡すると確認してくれる。
(B) メーカーの人が直接その人たちを探して確認してくれる。
(C) メーカーに電話をかけると音声メッセージで確認してくれる。
(D) 機械からの信号を人工衛星が受け取って位置を確認してくれる。

15 子供やお年寄りを探している家族はメーカーからの情報をどのように受け取りますか。

(A) 自宅の電話で受け取る。
(B) メーカーを訪問して受け取る。
(C) 携帯電話の音声メッセージで受け取る。
(D) 携帯電話の画面に地図で受け取る。

뉴스 · 기사 및 이슈

PART 4 설명문에서 가장 난이도가 높은 부분이 뉴스 · 기사 및 이슈 관련 문제로 보통 마지막 부분에 출제된다. 이 부분은 내용 자체가 딱딱한 문장체나 설명조로 나오는 경우가 많으므로 평소에 문형과 함께 어휘력도 많이 늘려 두어야하는 부분이다.

일상생활에서 흔히 들을 수 있는 텔레비전 뉴스나 신문 기사 및 최근 이슈가 되고 있는 모든 것들이 이 유형의 문제에 속한다. PART 4 설명문에서 가장 난이도가 높아 어휘력이 약한 학습자들은 거의 알아듣기 힘든 내용이 많기 때문에 무엇보다 평소에 많은 어휘를 암기해 둘 필요가 있다. 각 출제 유형을 세분화시켜 보면 다음과 같다.

뉴스 · 기사 일상생활의 뉴스나 신문 기사 등을 소재로 한 뉴스 · 기사 관련 설명문은 주제나 핵심적인 내용을 앞부분에 제시하는 두괄식 설명문이 많이 등장한다. 따라서 문제를 미리 읽어 두어 대충 어떤 내용이 나올 것이라는 것을 짐작한 다음에 첫 문장부터 집중해서 들을 필요가 있다. 첫 문장이나 앞부분에서 전체 내용의 80% 이상이 나온다고 해도 과언은 아니므로 처음부터 모든 신경을 집중해서 들어야 한다. 그 다음으로 내용 전개 방식이 육하원칙에 따라 전개되는 경우가 많으므로 육하원칙에 맞추어 메모하면서 들으면 의외로 쉽게 정답을 찾을 수 있는 유형이 뉴스나 기사와 관련된 설명문이다.

이슈 최근 일본에서 화제가 되고 있는 이슈에 관한 지문은 아주 광범위하게 출제되므로 평소에 일본의 사회나 문화 등 전반적인 일본 사정에 관심을 가지고 텔레비전이나 신문 등을 꾸준히 보는 것이 좋다. 왜냐하면 배경 지식이 있으면 모든 표현이나 어휘를 알아듣지 못하더라도 어느 정도 정답을 찾을 수 있는 문제가 나오기도 하므로 평소에 일본에서 화제가 되고 있는 내용들은 관심을 가지고 공부해 두는 것이 좋다.

출제 유형	주의해야 될 요건	관련 어휘 & 표현
뉴스 · 기사 및 이슈	· 뉴스나 기사와 관련된 설명문은 앞부분에 핵심적인 내용이 많이 나오므로 앞부분을 집중해서 들을 것 · 뉴스나 기사와 관련된 설명문은 보통 육하원칙에 따라 내용이 전개되는 경우가 많으므로 메모를 할 때도 이것에 맞추어 메모할 것 · 일본에서 화제가 되고 있는 이슈에 관한 설명문은 평소에 일본 사정에 관심을 가지고 텔레비전이나 신문 등을 꾸준히 볼 것	·重軽傷 중경상 ·復旧 복구 ·疑い 혐의 ·〜によると 〜に의하면 ·衝突 충돌 ·明らかになる 밝혀지다

Track 5-05 🎧

01　3日、黄砂が観測されなかった地域はどこですか。

(A)　近畿
(B)　四国
(C)　九州
(D)　北海道

02　黄砂が多く見られる時期はいつですか。

(A)　早春
(B)　立冬
(C)　夏至
(D)　春分

03　黄砂が11月に観測されたのは何年ぶりですか。

(A)　4年
(B)　5年
(C)　7年
(D)　9年

04　3日午後の大阪市内の天気はどうでしたか。

(A)　雲一つないからりと晴れた天気だった。
(B)　霧が濃くて100メートル前も見えない天気だった。
(C)　どんよりした空で、今にも一雨来そうな天気だった。
(D)　視界が見通しの良い日の半分程度に落ちた天気だった。

05　今度の事故の被害状況について正しいものはどれですか。

(A)　頭部の機体が炎上し、負傷者が出た。
(B)　機体全体が炎上し、搭乗客全員が死亡した。
(C)　機体は炎上したが、幸い死亡した人はいなかった。
(D)　滑走路から外れて着陸したにもかかわらず、機体に破損はなかった。

06　マルヤマ機について正しいものはどれですか。

(A)　東京から名古屋に向かう途中だった。
(B)　名古屋の食品工場がチャーターした。
(C)　東京の食品会社の食料品を積んでいた。
(D)　名古屋市の工場へ視察に行く会社員を乗せていた。

07　事故当時、名古屋空港の気象状況はどうでしたか。

(A)　大雨が降っていた。
(B)　霧が立ち込めていた。
(C)　大雪が降っていた。
(D)　強風が吹いていた。

08　今後、事故の調査は何を中心に行われますか。

(A)　当時の気象状況
(B)　滑走路の破損状況
(C)　滑走路の進入高度
(D)　誘導アンテナの破損状況

09 台風第7号の暖かく湿った空気は梅雨
前線にどのような影響を与えますか。

(A) 梅雨前線を停滞させる。
(B) 梅雨前線の範囲を狭くする。
(C) 梅雨前線の活動を活発化させる。
(D) 梅雨前線の力を徐々に弱める。

10 気象庁はどうような情報を流して注意
を呼び掛けていますか。

(A) 大雨警戒警報
(B) 台風情報
(C) 乾燥注意報
(D) 強風注意報

11 台風第7号について正しいものはどれ
ですか。

(A) 1時間5キロの速さで南下している。
(B) 1時間14キロの速さで南下している。
(C) 1時間14キロの速さで北上している。
(D) 1時間15キロの速さで北上している。

12 最初、車に求められていたものは何で
すか。

(A) 能率性
(B) 安全性
(C) 機能性
(D) 効率性

13 現在、車に求められているものは何で
すか。

(A) 性能
(B) 安全性
(C) 機能性
(D) 環境保護

14 今後、自動車産業に求められているも
のは何ですか。

(A) 廃車の時、どれだけ有効に再利用
できるか。
(B) 廃車の時、どれだけ高く売れるか。
(C) 廃車の時、どれだけ小さくなるか。
(D) 廃車の時、どれだけ簡単に燃やせ
るか。

- **重軽傷** 중경상

예　今回の事故で7人が重軽傷を負いました。　　이번 사고로 7명이 중경상을 입었습니다.

- **霧** 안개

예　周辺には霧が立ち込めていたということです。　　주변에는 안개가 자욱하게 끼어 있었다고 합니다.

- **順調** 순조

예　中央高速道路は上下線とも順調です。　　중앙고속도로는 상하행선 모두 순조롭습니다.

- **行方** 행방

예　警察は必死で犯人の行方を追っています。　　경찰은 필사적으로 범인의 행방을 쫓고 있습니다.

- **復旧** 복구

예　今回の事故で復旧が大幅に遅れることになりました。　　이번 사고로 복구가 대폭적으로 늦어지게 되었습니다.

- **開く** 열다 · 개최하다

예　第3回6カ国協議は来月東京で開かれることになりました。　　제3회 6자회담은 다음달 도쿄에서 열리게 되었습니다.

- **疑い** 혐의

예　鈴木容疑者は業務上横領の疑いで逮捕されました。　　스즈키 용의자는 업무상 횡령 혐의로 체포되었습니다.

- **供述** 진술

예　中村被告は「事件現場にいなかった」と供述しました。　　나카무라 피고는 '사건 현장에 없었다'고 진술했습니다.

- **～によると** ～에 의하면

예　気象庁の発表によりますと、6月中旬から梅雨に入るそうです。　　기상청의 발표에 의하면 6월 중순부터 장마가 시작된다고 합니다.

- **怪我をする** 다치다

예　5歳の子供が階段から転落して怪我をするという事故がありました。　　5살 아이가 계단에서 떨어져 다치는 사고가 있었습니다.

- **梅雨前線** 장마전선

例 今夜は梅雨前線の影響で、各地で大雨の降る恐れがあります。
오늘밤은 장마전선의 영향으로 각지에서 폭우가 내릴 우려가 있습니다.

- **火事** 화재

例 今日未明、東京都千代田区の住宅街で火事がありました。
오늘 새벽 도쿄도 치요다구의 주택가에서 화재가 있었습니다.

- **衝突** 충돌

例 今朝、高速道路を走っていたトラックがガードレールに衝突しました。
오늘 아침 고속도로를 달리고 있던 트럭이 가드레일에 충돌했습니다.

- **急騰** 급등

例 円は午前9時すぎに一時102円台まで急騰しました。
엔은 오전 9시를 지나 한 때 102엔대까지 급등했습니다.

- **明らかになる** 밝혀지다

例 事故現場は安全措置が不十分であったことが明らかになりました。
사고현장은 안전조치가 충분하지 않았던 것이 밝혀졌습니다.

- **冷え込み** 기온이 떨어짐

例 明日は厳しい冷え込みが予想されます。
내일은 급격하게 기온이 떨어질 것으로 예상됩니다.

- **状態** 상태

例 被害者は未だに昏睡状態だということです。
피해자는 아직 혼수상태라고 합니다.

- **猛暑** 무더위

例 先週から東京は猛暑が続いています。
지난주부터 도쿄는 무더위가 계속되고 있습니다.

- **にわか雨** 소나기

例 局地的ににわか雨が降るところが多い見込みです。
국지적으로 소나기가 내리는 곳이 많을 전망입니다.

- **未明** 새벽

例 本日未明、中央区で強盗事件が発生しました。
오늘 새벽, 츄오구에서 강도사건이 발생했습니다.

- **容疑者** 용의자

  例 容疑者は供述を拒否しています。　　　　용의자는 진술을 거부하고 있습니다.

- **追及** 추궁

  例 詳しい事件の真相を追及しています。　　　자세한 사건의 진상을 추궁하고 있습니다.

- **現場** 현장

  例 現場近くで刃物が発見されました。　　　　현장 근처에서 흉기가 발견되었습니다.

- **取り締まり** 단속

  例 警察は今後違法駐車の取り締まりを強化する方針
  です。　　　경찰은 앞으로 위법주차 단속을 강화할 방침입니다.

- **異例** 이례

  例 警察側も極めて異例な事件だと述べています。　　경찰측도 극히 이례적인 사건이라고 말하고
  있습니다.

- **復元** 복원

  例 復元工事は来月中旬まで続く見通しです。　　복원 공사는 다음달 중순까지 계속될 전망입니다.

- **自殺** 자살

  例 都内で高校生の自殺事故が相次いでいます。　　도내에서 고등학생의 자살사고가 잇따르고
  있습니다.

- **目撃者** 목격자

  例 警察は事件の目撃者を探しています。　　　경찰은 사건의 목격자를 찾고 있습니다.

- **応急** 응급

  例 応急手当を受けましたが、すぐ死亡したというこ
  とです。　　　응급조치를 받았지만 바로 사망했다고 합니다.

- **湿る** 습기가 차다

  例 西日本は全体的に湿った空気に覆われています。　서일본은 전체적으로 습기 찬 공기로 뒤덮여
  있습니다.

Track 5-06 🎧

01 エアコンの温度を1度低くすると消費電力は何パーセントアップしますか。

(A) 10%
(B) 20%
(C) 30%
(D) 40%

02 エアコンの室外機は日除けをしてやると何パーセントの節電効果がありますか。

(A) 5%
(B) 10%
(C) 15%
(D) 20%

03 どんなことを呼び掛けていますか。

(A) エアコンの温度を下げよう。
(B) カーテンを付けよう。
(C) 節電に努力しよう。
(D) エアコンの室外機に日除けをしよう。

04 この記事は誰が呼び掛けていますか。

(A) 鉄道会社
(B) カーエアコンのメーカー
(C) 電力会社
(D) 避暑地のホテル

05 最近、どのようなことが頻繁に起こっていますか。

(A) ゲーム中毒
(B) インターネットを使った犯罪
(C) ホームページを作る運動
(D) インターネットを使ったコミュニケーション

06 今回のネット安全教室の対象は誰ですか。

(A) 3年生
(B) 4年生
(C) 5年生
(D) 6年生

07 今回のネット安全教室で児童たちは何を学びましたか。

(A) ネット犯罪
(B) 情報検索の方法
(C) ホームページの作り方
(D) 電子メールや掲示板などを利用する際のルール

08 何かに当選したという電子メールが送られても、一切返信してはいけない理由は何ですか。

(A) 教育上児童に悪影響を与えるから
(B) インターネットの利用料金が多くなるから
(C) コンピューターウイルスに感染する恐れがあるから
(D) より巧妙な犯罪に巻き込まれる可能性があるから

09 2013年度の一般のごみの総量は何トンですか。

(A) 42万9千トン
(B) 58万トン
(C) 916万トン
(D) 5161万トン

10 2013年度の紙やペットボトルのリサイクル率は何パーセントですか。

(A) 15. 8%
(B) 16. 8%
(C) 17. 8%
(D) 18. 8%

11 他の都道府県に運び出されたごみが多かった地方はどこですか。

(A) 北海道
(B) 中部地方
(C) 近畿地方
(D) 九州地方

12 全国にあるごみ焼却施設のうち、余熱を利用していないところは約何パーセントですか。

(A) 20%
(B) 30%
(C) 50%
(D) 70%

13 この人はどうして仕事の服装が大切だと言っていますか。

(A) 営業の成績がぐっと上がるから
(B) 対人関係を円滑にしてくれるから
(C) 仕事上では、人目が重要だから
(D) 仕事に臨む気持ちが変わってくるから

14 この人が言っているスーツについての内容の中で、正しくないものはどれですか。

(A) スーツの色はグレイと紺がいい。
(B) 敢えてオーダーメイドのスーツを買う必要はない。
(C) 春夏用、秋冬用の季節ごとに2着ずつは最低用意してほしい。
(D) 縦にラインが入ったデザインのスーツがいい。

15 この人が言っているシャツについての内容の中で、正しいものはどれですか。

(A) 袖の長さにこだわる必要はない。
(B) 定期的にクリーニングに出す必要はない。
(C) 汚れが取れなくなったら、着ないで捨てた方がいい。
(D) 営業に出ている人は、なるべくデザインのシャツにした方がいい。

Track 5-07

Ⅳ．次の文章をよく聞いて、後の問いにもっとも適したものを(A)から(D)の中で一つ選び
なさい。

81 山田さんは一日何時間仕事をしていま
すか。

(A) 6時間
(B) 7時間
(C) 8時間
(D) 9時間

82 山田さんが先月と今月仕事を一日も休
めなかった理由は何ですか。

(A) 仕事が忙しかったから
(B) 海外旅行に行きたいから
(C) 子供と遊園地に行きたいから
(D) お金がほしいから

83 山田さんは夏休みに何をするつもりで
すか。

(A) 実家に帰ってのんびり過ごす。
(B) 家の近くにある山に登る。
(C) 子供と海に行く。
(D) 水泳を習いに行く。

84 来週の土曜日、山田さんが朝から出か
ける理由は何ですか。

(A) 朝出かけるのが好きだから
(B) 午後からは仕事をするから
(C) 子供が朝から出かけたがっている
から
(D) 朝買い物をする方がもっと安いから

85 新しい店についての説明の中で、正し
いものはどれですか。

(A) 外国に輸出するアクセサリーを売っ
ていて、店の奥はコンビニになって
いる。
(B) 外国に輸出するアクセサリーを売っ
ていて、店の奥はレストランになっ
ている。
(C) 外国から輸入したアクセサリーを
売っていて、店の奥はコンビニに
なっている。
(D) 外国から輸入したアクセサリーを
売っていて、店の奥はレストラン
になっている。

86 この人が住んでいる家の近くはどんな
ところですか。

(A) いつも賑やかなところ
(B) 週末にだけ賑やかなところ
(C) あまり人が通らない静かなところ
(D) 店が多くて買い物するのに便利な
ところ

87 この人の娘は何を楽しみにしていますか。

(A) アクセサリーを見ること
(B) 両親がアクセサリーを買ってくれ
ること
(C) 久しぶりに家族と食事ができること
(D) レストランで美味しい料理を食べ
ること

88 松岡さんが勤めている売店について、正しくないものはどれですか。

(A) 大学の中にある。
(B) 平日だけ働いている。
(C) 雑誌や牛乳などを売っている。
(D) 朝10時から午後8時まで営業している。

89 売店のノートにはどんなことが書かれていますか。

(A) 売店の商品の値段
(B) 売店にある商品の種類
(C) 売店を訪問した人たちの名前
(D) 売店に対するお願いや質問

90 松岡さんはノートに書かれたのを見てどうしていますか。

(A) たまに返事を書く。
(B) 必ず返事を書く。
(C) あまり返事は書かない。
(D) めったに返事を書かない。

91 最近、どんな人が増えましたか。

(A) カップルで来る人
(B) たくさん買い物をする人
(C) ノートを借りに来る人
(D) ノートを読みに来るだけの人

92 事故はいつありましたか。

(A) 昨日の夜1時頃
(B) 昨日の午後1時頃
(C) 昨日の午後5時頃
(D) 昨日の午前11時頃

93 昨日の事故の原因は何でしたか。

(A) 限られた重量を越えて乗ったから
(B) 機械に欠陥があったから
(C) 機械が勝手に誤作動したから
(D) 作業員の操作にミスがあったから

94 昨日の事故についての説明の中で、正しくないものはどれですか。

(A) 負傷者は一人もいなかった。
(B) 男女合計10人が怪我をした。
(C) 重量オーバーを警告する音声装置が故障していた。
(D) エレベーターは1階に降りる途中で止まってしまった。

95 この人はどんな決心をしましたか。

(A) 子供に臓器を移植すること
(B) 臓器提供反対運動に参加すること
(C) 臓器提供の意思を示さないこと
(D) 万が一のことがあったら臓器を提
供すること

96 この人は自分の子供たちがいつか臓器
提供をしたいと言ったらどうしますか。

(A) 一応賛成する。
(B) 一応反対する。
(C) 反対する可能性が高い。
(D) 賛成するか反対するかまだよくわ
からない。

97 万が一のことがあったら臓器を提供し
たいと言った時、この人の両親はこの
人に何と言いましたか。

(A) 止むを得ないと言った。
(B) それだけは止めてほしいと言った。
(C) 素晴らしいことだと言った。
(D) すぐには決められないと言った。

98 昨年の自殺者数について正しいものは
どれですか。

(A) 15年ぶりに3万人を上回った。
(B) 30代以上の各年代で自殺率が上が
った。
(C) 20代で相変わらず高水準を維持し
ていた。
(D) 中高年層は横ばいの状態だった。

99 20代での自殺者が多い理由として正し
くないものはどれですか。

(A) 仕事が厳しい。
(B) 就職が難しい。
(C) 未来が不安だ。
(D) 挫折した経験が多い。

100 1998年度の自殺者数について正しいも
のはどれですか。

(A) 前年に比べて急増した。
(B) 前年とほぼ同じ水準だった。
(C) 前年に比べて大幅に下がった。
(D) 上半期は下がったが、下半期は急
増した。

MEMO

<table>
<tr><td>受験番号</td><td></td><td></td><td></td><td></td><td></td><td></td></tr>
<tr><td>姓名</td><td colspan="6"></td></tr>
</table>

JPT 日本語能力試験

JAPANESE PROFICIENCY TEST

실전모의고사

次の質問1番から質問100番までは聞き取りの問題です。

どの問題も1回しか言いませんから、よく聞いて答えを(A), (B), (C), (D)の中から一つ選び
なさい。答えを選んだら、それにあたる答案用紙の記号を黒くぬりつぶしなさい。

Ⅰ. 次の写真を見て、その内容に合っている表現を(A)から(D)の中で一つ選びなさい。

（例）

(A) ここは銀行です。
(B) ここは郵便局です。
(C) ここは病院です。
(D) ここは図書館です。

答　(A) (●) (C) (D)

1.

2.

→ 次のページに続く

3.

4.

5.

6.

→ 次のページに続く

7.

8.

→ 次のページに続く

9.

10.

→ 次のページに続く

11.

12.

13.

14.

→ 次のページに続く

15.

16.

17.

18.

→ 次のページに続く

19.

20.

Ⅱ．次の言葉の返事として、もっとも適したものを(A)から(D)の中で一つを選びなさい。

　（例）明日は何をしますか。

　　　　(A) 公園に行きました。
　　　　(B) 金曜日です。
　　　　(C) 運動をしました。
　　　　(D) 友達の家に遊びに行きます。

21. 答えを答案用紙に書き入れなさい。

22. 答えを答案用紙に書き入れなさい。

23. 答えを答案用紙に書き入れなさい。

24. 答えを答案用紙に書き入れなさい。

25. 答えを答案用紙に書き入れなさい。

26. 答えを答案用紙に書き入れなさい。

27. 答えを答案用紙に書き入れなさい。

28. 答えを答案用紙に書き入れなさい。

29. 答えを答案用紙に書き入れなさい。

30. 答えを答案用紙に書き入れなさい。

31. 答えを答案用紙に書き入れなさい。

32. 答えを答案用紙に書き入れなさい。

33. 答えを答案用紙に書き入れなさい。

34. 答えを答案用紙に書き入れなさい。

35. 答えを答案用紙に書き入れなさい。

36. 答えを答案用紙に書き入れなさい。

37. 答えを答案用紙に書き入れなさい。

38. 答えを答案用紙に書き入れなさい。

39. 答えを答案用紙に書き入れなさい。

40. 答えを答案用紙に書き入れなさい。

41. 答えを答案用紙に書き入れなさい。

42. 答えを答案用紙に書き入れなさい。

43. 答えを答案用紙に書き入れなさい。

44. 答えを答案用紙に書き入れなさい。

45. 答えを答案用紙に書き入れなさい。

46. 答えを答案用紙に書き入れなさい。

47. 答えを答案用紙に書き入れなさい。

48. 答えを答案用紙に書き入れなさい。

49. 答えを答案用紙に書き入れなさい。

50. 答えを答案用紙に書き入れなさい。

→ 次のページに続く

Ⅲ. 次の会話をよく聞いて、後の問いにもっとも適したものを(A)から(D)の中で一つ
選びなさい。

(例) 女：昨日、友達の家に行きました。

男：何をしましたか。

女：音楽を聞いたり話したりしました。

男：そうですか。私は昨日家でテレビを見ました。

男の人は昨日何をしましたか。
(A) 音楽を聞いた。
(B) 友達と話した。
(C) 家でテレビを見た。
(D) 勉強をした。

51. 男の人は休みにどんなことをしますか。

(A) 音楽を聞く。

(B) 映画を見る。

(C) 買い物に行く。

(D) ギターを習う。

52. 女の人はこれからどうしますか。

(A) まっすぐ家に帰る。

(B) バスで友達の家に行く。

(C) 鈴木さんと一緒にバスで家に帰る。

(D) 鈴木さんと一緒に電車で家に帰る。

53. 男の人は何を望んでいますか。

(A) 早く時間が経つこと

(B) 早く春が来ること

(C) 早く友達ができること

(D) 早く日本の生活に慣れること

54. 女の人が見ている写真の中の古い建物は昔
は何でしたか。

(A) 郵便局

(B) 銀行

(C) 図書館

(D) 病院

55. 二人は明日何をしますか。

(A) 昼ご飯だけ食べて家に帰る。

(B) デパートで買い物だけして家に帰る。

(C) 昼ご飯の前にデパートで買い物をする。

(D) 昼ご飯の後にデパートで買い物をする。

56. 男の人はこれから何をしますか。

(A) 鈴木さんと話をする。

(B) 中村さんと話をする。

(C) 鈴木さんとお酒を飲む。

(D) 中村さんとお酒を飲む。

57. 女の人はどうやって駅に行きますか。

(A) 近いから、左の道を行く。

(B) ちょっと遠いけど、右の道を行く。

(C) 左の道は階段が多いから、右の道を行く。

(D) 左の道をまっすぐ行って次の角を右に
曲がって行く。

58. 男の人はこれからどうしますか。

(A) 鈴木さんに言ってからこの部屋を使う。

(B) 渡辺さんに言ってからこの部屋を使う。

(C) 鈴木さんに言ってから3階の部屋を使う。

(D) 渡辺さんに言ってから3階の部屋を使う。

59. 鈴木さんの主人の呼び方として正しいもの
はどれですか。

(A) 子供がいる時は「パパ」と呼ぶ。

(B) 二人だけの時は「パパ」と呼ぶ。

(C) 誰かいる時は「パパ」と呼ぶ。

(D) 誰かいる時は名前で呼ぶ。

60. ここはどこですか。

(A) 床屋

(B) 玩具屋

(C) クリーニング屋

(D) 八百屋

61. 男の人は鈴木君がまだ仕事がないのをどう
思っていますか。

(A) 真面目に勉強しなかったから、当たり
前だ。

(B) 熱心に勉強したのに運が悪かった。

(C) 社会が不景気だから、仕方がない。

(D) まだ経験が足りないから、経験を積ん
だ方がいい。

62. 男の人はどうしましたか。

(A) 転んで骨を折った。

(B) 友達とぶつかって怪我をした。

(C) 交通事故に遭って怪我をした。

(D) サッカーの練習中に骨を折った。

63. 男の人は最初に何をしなければいけません
か。

(A) 銀行に電話をするべきだ。

(B) 交番に行くべきだ。

(C) 駅に行って探してみるべきだ。

(D) 公園に行って探してみるべきだ。

64. 男の人はどうしたいと言っていますか。

(A) 待つのは嫌だから、乗りたくない。

(B) 前に乗ったことがあるから、乗りたくない。

(C) 1時間待っても乗りたい。

(D) 後でもう一度来てみて空いていたら乗りたい。

65. 女の人は山田さんに何を聞くつもりですか。

(A) 上田さんの住所

(B) 上田さんの電話番号

(C) 上田さんの勤務先

(D) 上田さんの家族関係

66. 駅の向こうにある病院の看護師はどうしてピンクの白衣を着ていますか。

(A) 院長に言われたから

(B) 子供の病院だから

(C) 仕事しやすいから

(D) 患者にきれいに見えたいから

67. 女の人はどうして遅れたのですか。

(A) 朝寝坊をしたから

(B) バスに乗り遅れたから

(C) 道がわからなくなったから

(D) 降りる駅を乗り過ごしてしまったから

68. 女の人は髪を茶色に染めたり長髪にしている若い男の人をどう思っていますか。

(A) 自分とは関係ないからどうでもいい。

(B) ファッションの自由だからかまわない。

(C) 男らしくないから嫌だ。

(D) 個性だから認めてもいい。

69. 女の人はコンピューターの導入をどう思っていますか。

(A) 早く導入すべきだ。

(B) 今の段階ではちょっと無理だ。

(C) 導入する必要はない。

(D) 今は何とも言えない。

70. 決まった仕事に就いていない若い人のほとんどはどんな人ですか。

(A) 楽をしたい人

(B) 仕事に全く興味がない人

(C) そうせざるを得ない理由がある人

(D) 仕事よりアルバイトの方が好きな人

71. 女の人の試合はどうでしたか。

(A) 予想した通り負けた。

(B) 予想した通り勝った。

(C) 予想に反して負けた。

(D) 予想に反して勝った。

72. ここはどこですか。

(A) レンタルビデオ屋

(B) 映画館

(C) 劇場

(D) 図書館

73. 女の人が行っているパソコン教室について
正しくないものはどれですか。

(A) 普通のパソコン教室より安い。

(B) 時間の空いている時に自由に行ける。

(C) 10時間コースである。

(D) 24時間いつでも利用することができる。

74. 男の人が援助団体に送った切手はどうなり
ますか。

(A) 展示会に展示する。

(B) 外国に売られて後でお金をもらう。

(C) 集めて展示して後で返してくれる。

(D) 恵まれない人を援助する団体が外国に
売る。

75. 女の人は何が問題ですか。

(A) 服が気に入らない。

(B) 安い服があまりない。

(C) 気に入っている服の値段が高い。

(D) 気に入っている服のサイズが合わない。

76. 男の人はお年寄りが熱中症にかからないた
めに特に何が大切だと言っていますか。

(A) 体力を付けておくこと

(B) 真夏に室温を適当に保つこと

(C) 時々運動をすること

(D) 水をたくさん飲むこと

77. 女の人は食品添加物の使用を禁止しようと
する市民運動をどう思っていますか。

(A) 長い間使ってきたのだから、急に止め
るのは難しい。

(B) 食品の味がよくなるから、使ってもいい。

(C) かびの発生を防いでくれるから、使っ
てもいい。

(D) 食べ物を腐りにくくする働きがあるか
ら使ってもいい。

78. 女の人はインターネットの加入者数が今後
どうなると思っていますか。

(A) ますます増える。

(B) 足踏み状態になる。

(C) 少しずつ減っていく。

(D) 今の段階では何とも言えない。

79. 二人は今後の地価はどうなると言っていま
すか。

(A) 今のままの状態が続く。

(B) 急激に上がる。

(C) 急激に下がる。

(D) 時々上がったり下がったりする。

80. 癌の告知についてどのような結果が出まし
たか。

(A) 自分と家族に同時に知らせてほしい。

(B) 自分は知りたいが、家族には知らせた
くない。

(C) 自分より家族に先に知らせてほしい。

(D) 自分に知らせてから家族に知らせてほ
しい。

Ⅳ. 次の文章をよく聞いて、後の問いにもっとも適したものを(A)から(D)の中で一つ選びなさい。

（例）ご来店のお客様にお知らせを申し上げます。千代田区からお越しの鈴木様、鈴木様、至急ご自宅にお電話をおかけください。続きまして、お客様のお呼び出しを申し上げます。大阪からお越しの山田様、山田様、奥様がお待ちですので、2階の婦人服売り場までお越しください。

1. ここはどこですか。
   (A) デパート
   (B) 図書館
   (C) 病院
   (D) コンビニ

2. 山田さんはどうすれはいいですか。
   (A) 自宅に電話する。
   (B) 2階に行く。
   (C) 鈴木さんに電話する。
   (D) 大阪に行く。

81. 昨日、この人はどうして駅までバスで行きましたか。
   (A) 雨が降ったから
   (B) 朝寝坊をしたから
   (C) 仕事があったから
   (D) 疲れていたから

82. この人は駅の近くでいつも何をしますか。
   (A) お弁当を買う。
   (B) 新聞を買う。
   (C) 運動をする。
   (D) 雑誌を買う。

83. 昨日はどうしてお弁当が買えませんでしたか。
   (A) お弁当が全部売れてしまったから
   (B) 自転車で駅まで行ったから
   (C) 大勢の人が待っていたから
   (D) 時間がなかったから

84. この人の会社の食堂はどうですか。
   (A) 長く待たなければならない。
   (B) ちょっと高いが、とても美味しい。
   (C) いつも買うお弁当より値段が安くて美味しい。
   (D) いつも買うお弁当より美味しくないが、値段は安い。

85. 山田さんの家から会社までどのくらい
かかりますか。

(A) 30分
(B) 1時間
(C) 1時間半
(D) 2時間

86. 山田さんは会社に着いたらまず何をし
ますか。

(A) お茶を飲む。
(B) コーヒーを買う。
(C) すぐ自分の部屋に行く。
(D) すぐ社長の部屋に行く。

87. 山田さんの部屋にない物はどれです
か。

(A) 机
(B) 本棚
(C) コンピューター
(D) 家族の写真

88. たばこを吸う人のうち、依存症でない
人は何パーセントですか。

(A) 30%
(B) 40%
(C) 60%
(D) 70%

89. 依存症にかかっている割合は男女間で
どうですか。

(A) ほぼ同じである。
(B) 男性がやや低い。
(C) 女性がやや低い。
(D) 女性が遥かに高い。

90. 調査をまとめた中村さんの主張として
正しいものはどれですか。

(A) 依存症の人を治す病院を作るべきだ。
(B) 喫煙者を減らすための政策を考え
るべきだ。
(C) 禁煙治療を医療保険の対象にし、
普及を図る必要がある。
(D) 喫煙者を減らすためにはたばこの
値段を上げる必要がある。

91. 東京都が公立小学校の校門などに防犯
カメラを設置した理由は何ですか。

(A) 空き巣が入られないようにするため

(B) 不審者侵入を監視するため

(C) 万引する人を監視するため

(D) 放課後、校内に侵入する泥棒を捕まえ
るため

92. 今回東京都が防犯カメラを都内全ての
公立小学校に設置することにしたきっか
けは何ですか。

(A) 放課後、よく泥棒に入られたから

(B) 校内での紛失事件が多くなったから

(C) 防犯への人件費がかかりすぎたから

(D) 学校での殺傷事件が全国で相次いでい
るから

93. 今回設置されることになった防犯カメ
ラについて正しくないものはどれです
か。

(A) 設置費は政府に要求する方針である。

(B) 今年度末までに約29%に当たる387校
に設置される見通しである。

(C) 東京都内の全ての公立小学校に設置する。

(D) 1校当たり4〜6台の防犯カメラとモニ
ターを設置する。

94. 防犯カメラ設置後の課題は何ですか。

(A) 費用削減のための工夫

(B) 不審者監視態勢の確立

(C) 不足する財政の補充

(D) 学校側と生徒側の意見の調整

95. 犯人の特徴として正しいものはどれで
すか。

(A) 少し太っている。

(B) 顔に傷がある。

(C) とても背が高い。

(D) 黒いジーンズをはいている。

96. 犯人はどのような犯罪に及びましたか。

(A) 若い女性からお金を奪った。

(B) 若い男女からお金を奪った。

(C) 若い男女からお金と車を奪った。

(D) 港にある商店からお金とバイクを奪った。

97. 今回の事件について正しいものはど
れですか。

(A) このような事件は最近全国で発生して
いる。

(B) このような事件は昨年から千葉県で多
発している。

(C) このような事件は最近幕張で頻発して
いる。

(D) このような事件は今年に入って昼間も
発生している。

98. 今日、何がありましたか。

    (A) 選挙が行われた。

    (B) 選挙が公示された。

    (C) 選挙戦が活発に行われた。

    (D) 選挙戦が最終日を迎えた。

99. 東京選挙区について正しいものはどれですか。

    (A) 定員は8人である。

    (B) 6人が立候補した。

    (C) 事実上の競争率は2倍である。

    (D) 今回有権者数が増えた。

100. 最近、東京ではどのような有権者が増えていますか。

    (A) タレント議員に期待している有権者

    (B) 無所属議員に期待している有権者

    (C) 支持政党を持たなくなってきている有権者

    (D) 候補者の政策より所属政党を重視している有権者

정답

진단평가

1	2	3	4	5	6	7	8	9	10
(A)	(D)	(D)	(C)	(D)	(B)	(C)	(B)	(A)	(B)
11	12	13	14	15	16	17	18	19	20
(A)	(B)	(A)	(A)	(C)	(D)	(C)	(B)	(A)	(C)
21	22	23	24	25	26	27	28	29	30
(B)	(B)	(D)	(B)	(B)	(A)	(D)	(D)	(A)	(B)
31	32	33	34	35	36	37	38	39	40
(A)	(D)	(C)	(A)	(D)	(D)	(D)	(D)	(B)	(A)
41	42	43	44	45	46	47	48	49	50
(D)	(A)	(B)	(A)	(A)	(B)	(D)	(D)	(D)	(D)

PART 1   사진 묘사

Unit 01 인물의 동작이나 자세(1인)

▶ SECTION 1 기초 다지기

1	2	3	4	5	6	7	8
(B)	(D)	(B)	(C)	(D)	(C)	(D)	(A)

▶ SECTION 3 실력 완성하기

1	2	3	4	5	6	7	8
(B)	(C)	(C)	(C)	(A)	(C)	(D)	(C)

Unit 02 인물의 동작이나 자세 (2인 이상)

▶ SECTION 1 기초 다지기

1	2	3	4	5	6	7	8
(D)	(C)	(D)	(A)	(D)	(B)	(C)	(B)

▶ SECTION 3 실력 완성하기

1	2	3	4	5	6	7	8
(C)	(A)	(D)	(D)	(B)	(B)	(D)	(A)

Unit 03 사물

▶ SECTION 1 기초 다지기

1	2	3	4	5	6	7	8
(B)	(A)	(C)	(C)	(D)	(B)	(A)	(A)

▶ SECTION 3 실력 완성하기

1	2	3	4	5	6	7	8
(C)	(D)	(C)	(A)	(C)	(B)	(D)	(B)

Unit 04 글자

▶ SECTION 1 기초 다지기

1	2	3	4	5	6	7	8
(B)	(A)	(D)	(B)	(C)	(B)	(D)	(A)

▶ SECTION 3 실력 완성하기

1	2	3	4	5	6	7	8
(D)	(D)	(A)	(C)	(D)	(B)	(D)	(C)

Unit 05 도로나 교통 및 건물

▶ SECTION 1 기초 다지기

1	2	3	4	5	6	7	8
(C)	(B)	(C)	(A)	(A)	(A)	(B)	(D)

▶ SECTION 3 실력 완성하기

1	2	3	4	5	6	7	8
(B)	(C)	(C)	(C)	(A)	(A)	(A)	(D)

Unit 06 전체적인 풍경 및 상황

▶ SECTION 1 기초 다지기

1	2	3	4	5	6	7	8
(A)	(D)	(D)	(C)	(B)	(A)	(B)	(B)

▶ SECTION 3 실력 완성하기

1	2	3	4	5	6	7	8
(D)	(B)	(B)	(A)	(C)	(D)	(D)	(C)

PART 1 실전문제

1	2	3	4	5	6	7	8	9	10
(B)	(D)	(C)	(D)	(C)	(D)	(B)	(A)	(D)	(D)
11	12	13	14	15	16	17	18	19	20
(D)	(D)	(B)	(D)	(D)	(B)	(B)	(B)	(B)	(A)

PART 2 질의 응답

Unit 01 의문사형 질문 1 – 숫자

▶ SECTION 1 기초 다지기

1	2	3	4	5	6
(D)	(C)	(A)	(D)	(A)	(B)

▶ SECTION 3 실력 완성하기

1	2	3	4	5	6
(C)	(A)	(A)	(B)	(A)	(B)

Unit 02 의문사형 질문 2 – 장소 · 누구

▶ SECTION 1 기초 다지기

1	2	3	4	5	6
(C)	(A)	(B)	(D)	(B)	(B)

▶ SECTION 3 실력 완성하기

1	2	3	4	5	6
(A)	(D)	(D)	(C)	(B)	(D)

Unit 03 의문사형 질문 3 – 무엇 · 내용이나 방법

▶ SECTION 1 기초 다지기

1	2	3	4	5	6
(D)	(A)	(D)	(C)	(B)	(B)

▶ SECTION 3 실력 완성하기

1	2	3	4	5	6
(C)	(A)	(B)	(C)	(C)	(A)

Unit 04 의문사형 질문 4 – 정도 · 성질이나 상태

▶ SECTION 1 기초 다지기

1	2	3	4	5	6
(C)	(A)	(C)	(B)	(C)	(C)

▶ SECTION 3 실력 완성하기

1	2	3	4	5	6
(A)	(A)	(B)	(D)	(B)	(C)

Unit 05 '예 · 아니요'형 질문

▶ SECTION 1 기초 다지기

1	2	3	4	5	6
(D)	(D)	(A)	(B)	(C)	(B)

▶ SECTION 3 실력 완성하기

1	2	3	4	5	6
(A)	(B)	(A)	(B)	(B)	(D)

Unit 06 인사 표현

▶ SECTION 1 기초 다지기

1	2	3	4	5	6
(A)	(A)	(C)	(A)	(A)	(C)

▶ SECTION 3 실력 완성하기

1	2	3	4	5	6
(C)	(A)	(B)	(B)	(B)	(B)

Unit 07 정해진 문구

▶ SECTION 1 기초 다지기

1	2	3	4	5	6
(D)	(A)	(C)	(D)	(C)	(A)

▶ SECTION 3 실력 완성하기

1	2	3	4	5	6
(B)	(D)	(D)	(B)	(C)	(A)

Unit 08 일상생활

▶ SECTION 1 기초 다지기

1	2	3	4	5	6
(A)	(D)	(B)	(C)	(C)	(B)

▶ SECTION 3 실력 완성하기

1	2	3	4	5	6
(B)	(C)	(A)	(A)	(A)	(C)

Unit 09 업무 및 비즈니스

▶ SECTION 1 기초 다지기

1	2	3	4	5	6
(B)	(A)	(C)	(C)	(D)	(C)

▶ SECTION 3 실력 완성하기

1	2	3	4	5	6
(B)	(D)	(C)	(B)	(B)	(A)

Unit 10 정치 및 경제

▶ SECTION 1 기초 다지기

1	2	3	4	5	6
(A)	(C)	(D)	(B)	(C)	(B)

▶ SECTION 3 실력 완성하기

1	2	3	4	5	6
(C)	(A)	(C)	(C)	(A)	(A)

PART 2 실전문제

21	22	23	24	25	26	27	28	29	30
(D)	(A)	(C)	(A)	(B)	(D)	(C)	(C)	(A)	(A)
31	32	33	34	35	36	37	38	39	40
(B)	(A)	(C)	(B)	(B)	(B)	(B)	(D)	(A)	(A)
41	42	43	44	45	46	47	48	49	50
(A)	(A)	(A)	(D)	(A)	(A)	(D)	(C)	(B)	(A)

PART 3 회화문

Unit 01 숫자 청취 및 물건 구입

▶ SECTION 1 기초 다지기

1	2	3	4	5	6	7	8
(B)	(B)	(C)	(D)	(B)	(C)	(A)	(A)

▶ SECTION 3 실력 완성하기

1	2	3	4	5	6	7	8
(B)	(B)	(B)	(A)	(A)	(C)	(D)	(B)

Unit 02 일상생활

▶ SECTION 1 기초 다지기

1	2	3	4	5	6	7	8
(D)	(C)	(D)	(A)	(C)	(A)	(D)	(D)

▶ SECTION 3 실력 완성하기

1	2	3	4	5	6	7	8
(C)	(D)	(B)	(A)	(D)	(B)	(C)	(C)

Unit 03 장소 및 사물 · 대상 파악

▶ SECTION 1 기초 다지기

1	2	3	4	5	6	7	8
(D)	(B)	(C)	(C)	(C)	(B)	(B)	(C)

▶ SECTION 3 실력 완성하기

1	2	3	4	5	6	7	8
(A)	(A)	(A)	(D)	(D)	(B)	(A)	(D)

Unit 04 성별에 따른 의견 및 행동 구분

▶ SECTION 1 기초 다지기

1	2	3	4	5	6	7	8
(A)	(C)	(B)	(A)	(A)	(D)	(B)	(D)

▶ SECTION 3 실력 완성하기

1	2	3	4	5	6	7	8
(D)	(C)	(D)	(C)	(A)	(A)	(A)	(B)

Unit 05 업무 및 비즈니스

▶ SECTION 1 기초 다지기

1	2	3	4	5	6	7	8
(D)	(C)	(D)	(D)	(A)	(A)	(B)	(D)

▶ SECTION 3 실력 완성하기

1	2	3	4	5	6	7	8
(B)	(C)	(A)	(D)	(A)	(B)	(C)	(C)

Unit 06 대화 내용에 대한 이해

▶ SECTION 1 기초 다지기

1	2	3	4	5	6	7	8
(C)	(B)	(A)	(C)	(D)	(C)	(C)	(B)

▶ SECTION 3 실력 완성하기

1	2	3	4	5	6	7	8
(B)	(A)	(D)	(B)	(D)	(C)	(D)	(C)

PART 3 실전문제

51	52	53	54	55	56	57	58	59	60
(C)	(D)	(A)	(A)	(C)	(A)	(A)	(D)	(C)	(A)
61	62	63	64	65	66	67	68	69	70
(A)	(C)	(D)	(D)	(D)	(A)	(B)	(D)	(D)	(A)
71	72	73	74	75	76	77	78	79	80
(A)	(B)	(D)	(A)	(B)	(D)	(D)	(C)	(D)	(A)

PART 4 설명문

Unit 01 인물 소개 및 화자의 경험

▶ SECTION 1 기초 다지기

1	2	3	4	5	6	7	8
(A)	(B)	(C)	(B)	(A)	(C)	(B)	(A)
9	10	11	12	13	14	15	
(C)	(D)	(D)	(C)	(D)	(A)	(C)	

▶ SECTION 3 실력 완성하기

1	2	3	4	5	6	7	8
(A)	(D)	(B)	(C)	(C)	(B)	(D)	(C)
9	10	11	12	13	14	15	
(C)	(D)	(C)	(D)	(A)	(D)	(C)	

Unit 02 공지 및 안내

▶ SECTION 1 기초 다지기

1	2	3	4	5	6	7	8
(B)	(A)	(A)	(C)	(B)	(B)	(B)	(B)
9	10	11	12	13	14		
(A)	(B)	(C)	(A)	(A)	(C)		

▶ SECTION 3 실력 완성하기

1	2	3	4	5	6	7	8
(B)	(C)	(A)	(D)	(C)	(D)	(D)	(C)
9	10	11	12	13	14	15	
(D)	(C)	(C)	(B)	(A)	(D)	(D)	

Unit 03 뉴스 · 기사 및 이슈

▶ SECTION 1 기초 다지기

1	2	3	4	5	6	7	8
(D)	(A)	(C)	(D)	(B)	(D)	(B)	(C)
9	10	11	12	13	14		
(C)	(A)	(D)	(C)	(B)	(A)		

▶ SECTION 3 실력 완성하기

1	2	3	4	5	6	7	8
(A)	(A)	(C)	(C)	(B)	(D)	(D)	(D)
9	10	11	12	13	14	15	
(D)	(B)	(B)	(B)	(D)	(B)	(C)	

PART 4 실전문제

81	82	83	84	85	86	87	88	89	90
(D)	(A)	(C)	(B)	(D)	(C)	(A)	(B)	(D)	(B)
91	92	93	94	95	96	97	98	99	100
(D)	(B)	(A)	(B)	(D)	(A)	(B)	(C)	(D)	(A)

PART 1 사진 묘사

1	2	3	4	5	6	7	8	9	10
(B)	(A)	(A)	(D)	(C)	(C)	(B)	(D)	(A)	(A)
11	12	13	14	15	16	17	18	19	20
(C)	(C)	(D)	(D)	(B)	(D)	(A)	(C)	(D)	(A)

PART 2 질의 응답

21	22	23	24	25	26	27	28	29	30
(B)	(D)	(C)	(C)	(A)	(C)	(B)	(B)	(D)	(A)
31	32	33	34	35	36	37	38	39	40
(B)	(D)	(C)	(C)	(A)	(A)	(B)	(C)	(D)	(A)
41	42	43	44	45	46	47	48	49	50
(D)	(A)	(D)	(C)	(B)	(B)	(C)	(C)	(B)	(B)

PART 3 회화문

51	52	53	54	55	56	57	58	59	60
(A)	(B)	(C)	(D)	(D)	(B)	(D)	(D)	(A)	(C)
61	62	63	64	65	66	67	68	69	70
(C)	(B)	(A)	(D)	(A)	(B)	(C)	(C)	(A)	(C)
71	72	73	74	75	76	77	78	79	80
(D)	(A)	(D)	(D)	(C)	(B)	(A)	(A)	(A)	(B)

PART 4 설명문

81	82	83	84	85	86	87	88	89	90
(B)	(A)	(D)	(D)	(C)	(B)	(C)	(A)	(A)	(C)
91	92	93	94	95	96	97	98	99	100
(B)	(D)	(A)	(B)	(A)	(B)	(C)	(C)	(C)	(C)

MEMO

MEMO

외국어 출판 40년의 신뢰
외국어 전문 출판 그룹
동양북스가 만드는 책은 다릅니다.

40년의 쉼 없는 노력과 도전으로 책 만들기에 최선을 다해온 동양북스는
오늘도 미래의 가치에 투자하고 있습니다.
대한민국의 내일을 생각하는 도전 정신과 믿음으로 최선을 다하겠습니다.

동양북스

미래와 통하는 책

가장 쉬운 독학
일본어 첫걸음
14,000원

버전업! 굿모닝
독학 일본어 첫걸음
14,500원

일단 합격하고 오겠습니다
JLPT 일본어능력시험 N3
26,000원

일본어 100문장 암기하고
왕초보 탈출하기
13,500원

가장 쉬운 독학
중국어 첫걸음
14,000원

가장 쉬운 중국어
첫걸음의 모든 것
14,500원

일단 합격 新HSK
한 권이면 끝! 4급
24,000원

중국어
지금 시작해
14,500원

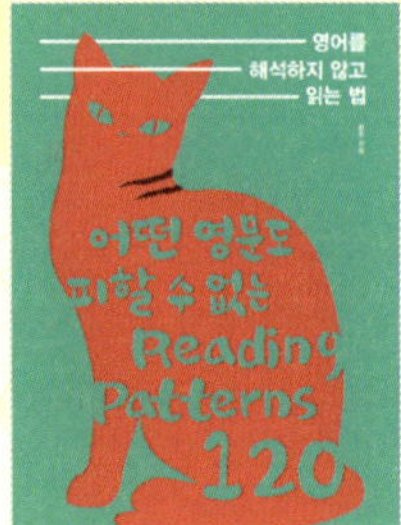

영어를 해석하지 않고
읽는 법
15,500원

미국식
영작문 수업
14,500원

세상에서 제일 쉬운
10문장 영어회화
13,500원

영어회화
순간패턴 200
14,500원

가장 쉬운 독학
베트남어 첫걸음
15,000원

가장 쉬운 독학
프랑스어 첫걸음
16,500원

가장 쉬운 독학
스페인어 첫걸음
15,000원

가장 쉬운 독학
독일어 첫걸음
17,000원

동양북스 베스트 도서

THE
GOAL 1
22,000원

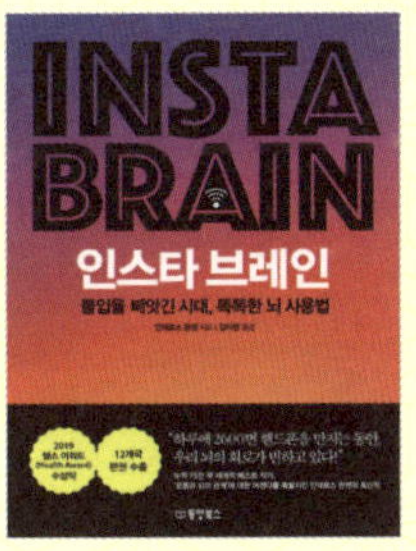

인스타
브레인
15,000원

직장인, 100만 원으로
주식투자 하기
17,500원

당신의 어린 시절이
울고 있다
13,800원

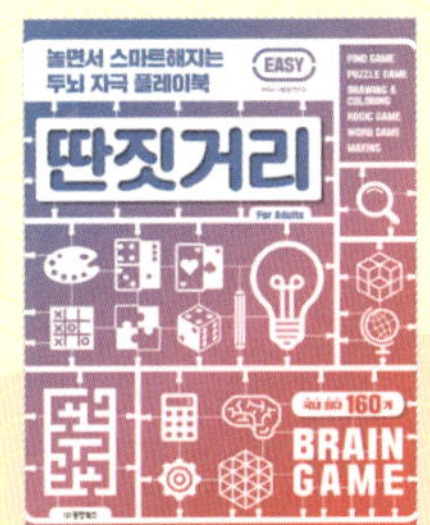

놀면서 스마트해지는 두뇌 자극
플레이북 딴짓거리 EASY
12,500원

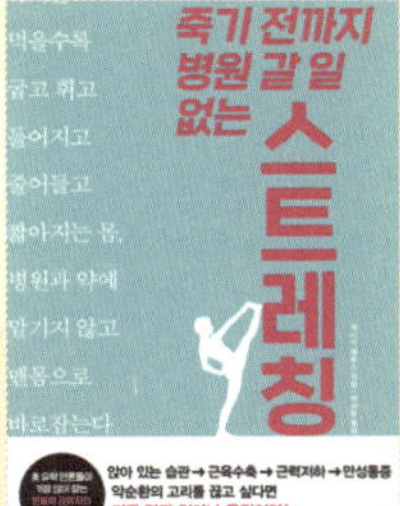

죽기 전까지
병원 갈 일 없는 스트레칭
13,500원

가장 쉬운 독학
이세돌 바둑 첫걸음
16,500원

누가 봐도 괜찮은 손글씨 쓰는
법을 하나씩 하나씩 알기 쉽게
13,500원

가장 쉬운 초등 필수 파닉스
하루 한 장의 기적
14,000원

가장 쉬운 알파벳 쓰기
하루 한 장의 기적
12,000원

가장 쉬운 영어 발음기호
하루 한 장의 기적
12,500원

가장 쉬운 초등한자 따라쓰기
하루 한 장의 기적
9,500원

세상에서 제일 쉬운
엄마표 생활영어
12,500원

세상에서 제일 쉬운
엄마표 영어놀이
13,500원

창의쑥쑥 환이맘의
엄마표 놀이육아
14,500원

동양북스
www.dongyangbooks.com
m.dongyangbooks.com